男と女の
A GUIDE TO MEN'S & WOMEN'S PSYCHOLOGY
心理学入門

齊藤勇
ISAMU SAITO

かんき出版

「男はいつもそう…」
「だから女は…」
こんな男と女の謎を解きたいあなたへ

「女って、なんであんなに話が長いんだろう…」

「話を聞いてくれない男が多いのはどうして？」


「女の長電話と、だらだらしたメールが理解できない」

「男って、どうしてメールや電話にそっけないの？」


「どうして男は察してくれないの？」

「なんで女は、無言で怒っているんだろう…」

「彼女との細かい思い出まで覚えていられないよ…」

「2人の大切な記念日を忘れるなんて、彼ったら最低」

「うちの男性上司は、がんばっている私を見てくれていないみたい…」

「うちの女性上司は、僕に細かく指示をしてきてうるさい…」

「もっと彼女にほめてもらいたい」

「もっと彼に好きって言ってもらいたい」

あちこちから、こんな声が聞こえてきます。

男性と女性は、なぜこんなに行き違ってしまうのでしょうか。
仕事でも、プライベートでも、「相手といい関係を築きたい」と思っているのに、どうして揉めごとが起こるのでしょうか。

それは、**男性と女性が、そもそも根本的に違う**からです。

心理学の観点から、男性の特徴、女性の特徴を紐解くと、驚くほどさまざまな違いが見えてきます。
決してどちらかの性格が悪いわけでも、悪気があるわけでもありません。

本書では、外見からわかる男女それぞれのタイプ、男性の性格の特徴、女性の性格の特徴、男女の考え方の違いや行動の違い、男性と女性のどちらにも共通していること、男女がうまくいく秘訣…など、「男」と「女」について、さまざまな観点から解説しています。

男女の違いを正しく知ってさえいれば、男と女は、もっとわかり合えるのです。

いい関係を築くことは、決して難しいことではありません。

本書をぜひ、あなたの仕事やプライベートで活かしていただければ幸いです。

2017年1月　齊藤　勇

男と女の心理学入門　もくじ

第1章　見た目・服装・しぐさでわかる男女の違い

第2章 男性の性格の特徴

第3章 女性の性格の特徴

第4章 男女で異なるコミュニケーションの特徴

第5章
男女で異なる恋愛・結婚観の特徴

カバーデザイン　井上新八
本文デザイン・イラスト　石山沙蘭

第1章

見た目・服装・しぐさでわかる男女の違い

顔からわかる男性の心理

顔には、その人の本質が隠れています。ここでは、顔に表れる男性の性格の特徴をみていきましょう。

サングラスをかける

●傲慢でもあり、シャイでもある
●アーティスト志望の人が多い
●恋愛では相手よりも優位に立ちたい
●愛するより愛されたい

鼻に手をやるクセがある

●自意識過剰
●何ごとに対しても弱気
●内省的で慎重派
●他人の言動に影響を受けやすい

鼻をさわるクセのある男性とのつきあい方・注意点

・強いアプローチに弱い
・不満が多いが口にしないため、溝が深まりやすい
・争いを嫌うため、自然消滅を望む
・嘘をつくとき鼻をさわる

ピアスをつける

●現状に不満をもっていて、解消されていない
●つけているピアスの数は不満の数
●自己表現が好き

あごひげを生やしている

●傷つきやすい、甘えんぼう
●強い男になりたいという願望の表れ
●自分の男としての強さに不安を抱えている
●まわりから「強い男」という評価がほしい
●リーダーになりたいタイプ

あごひげを生やしている男性とのつき合い方・注意点

- 自分を強い男と認めてくれる女性に弱い
- 「頼りになる」「安心する」という言葉をかけてあげる
- 何度も口に出して伝えると◎

口ひげを生やしている

●ナルシスト
●オシャレ
●自己中心的
●モテたい

口ひげを生やしている男性とのつき合い方・注意点

- 外見に注目してあげる
- ほめられることが好き

体型・髪型だけでわかる男性のタイプ

体型や髪型にも、その人の性格が表れます。それぞれのタイプを追ってみましょう。

体　型

痩せ型

- 真面目
- 用心深い
- 計画的
- 社交的ではない

肥満型

- 陽気
- 穏やか
- 感情に浮き沈みがある

筋肉質

- 几帳面
- 正義感が強い
- 意固地
- 執着心が強い

髪型

短髪

- 頼りになる
- 支配的
- 規範を大切にする
- 仕事第一主義

坊主頭

- 気迫がある
- リーダーになると張り切る
- サポートに徹することができる
- 柔軟性に欠ける
- 伝統を重視する

長髪

- 争いを避ける
- 耳を隠す→外からの情報を遮断したい
- アーティスト志向
- 情緒豊か

金髪

- 自己顕示欲が強い
- 自分に自信がある
- 認められたい
- ユニークさを求める

持ち物でわかる男性の心理とタイプ

靴や時計、カバンなど、普段身につけているものや持ち物には、持ち主のこだわりが表れます。ここでは、持ち物から見えてくる男性の心理とタイプについて解説します。

靴

紐がないタイプの靴

- 活動的
- 実用性や機能性を重視する
- 型にはまらず自由を好む
- 業績第一

紐のあるタイプの靴

- 社会のしきたりを重視する
- 感情を抑制する
- 礼儀正しい
- 出世志向

脚を包むような しっかりしたタイプの靴

- 自己防衛本能が強い
- 繊細な心をもっている
- 自分に自信がない
- 愛を求めている

かかとがないタイプの靴（サンダル等）

- 自由奔放
- サバサバしている
- 束縛されることを嫌う
- 周囲の評価を気にしない

時　計

アナログ時計

- 優柔不断
- 気配りや配慮ができる
- ルールを守る
- 思い切った決断が苦手

デジタル時計

- 機能性を重視する
- 安全を重視する
- 感情を抑制する
- 冒険はしない

安物の時計

- 執着心がない
- 移り気
- 外見より内面を重視する
- 節約志向

高級時計

- 出世願望がある
- 地位や外見を重視する
- 派手好き
- 自己顕示欲が強い
- 自信がない

時計をしない

- 自由人
- 束縛を嫌う
- いろいろなことにルーズ
- 規律を守るのが苦手
- 自己中心的

カバン

トートバッグ

- マイペース
- 自己防衛本能が弱い
- 外見よりも実力主義

リュック

- 用心深い
- 合理的でフットワークが軽い
- 礼儀よりも健康志向
- 出世よりも自由

アタッシュケース

- 防衛本能が強い
- 感情表現が薄い
- 自分の考えをしっかりもち、その考えを日頃から守っている
- 外見重視
- 機能性重視

セカンドバッグ

- 自分がオシャレであることをアピールしたい
- アート志向
- データより直感重視
- 流行りもの好き

使い込んだカバン

- こだわりが強い
- 頑固
- 保守的
- 無頓着
- オシャレ感覚がない

ポケットがたくさんついているカバン

- 完璧主義
- 不完全なものにストレスを感じる
- 整理好き

鍵付きのカバン

- 防衛的
- 不安が強い
- 人づき合いに慎重
- 割り切ったつき合いをする

大きいカバン

- 安心第一主義
- 心配性
- 外見にこだわらないタイプ

ファッションでわかる男性の心理

どんなファッションをしているかによって、男性の隠れた心理状態がみえてきます。

流行のファッションをしている

●カッコいい自分を表現したい
●注目され、ほめられたい
●周囲から取り残されることへの不安が強い
●自分に自信がない
●依存心が強い

帽子を常にかぶっている

●自意識過剰
●人の目を常に気にしている
●知力重視
●気配り上手
●空気を読める
●コミュニケーション上手
●隠したい自分がいる、コンプレックスがある
●トップ志向が強い

アクセサリーを多く身につけている

●注目されたい
●他力本願で依存的
●自分に自信がない
●アクセサリーのイメージ＝
自分のなりたい姿

例）大きくてゴツゴツしているアクセサリー…怖そう、強そう、かっこいいなどのイメージ

伊達メガネをかけている

●知的に見られたい
●自分の顔にコンプレックスがある
●いまの自分に自信がない
●別人になりたい願望がある

メガネのタイプ別　なりたい自分像
スクエアタイプ：知的さを出したい
ボストンタイプ：落ち着き・柔らかさを出したい
ブロータイプ：顔の印象をはっきりさせたい
ラウンドタイプ：優しさ・おおらかさを出したい

女性のウエストと胸の好みでわかる男性の本能

くびれたウエスト、豊かな胸に惹かれる男性は数多くいます。ここでは、その理由を解説します。

男性が豊かな胸を好む理由

女性の豊かな胸に惹かれる男性は多いものです。
じつはこれには、明確な理由があるのです。

- **「自分の遺伝子をできるだけいい状態で後世に残したい」という生物的本能があり、妊娠未経験の若い女性に無条件で惹かれるから**
- **突き出た胸は、身体的に「妊娠を経験していない女性」「若い女性」の証だから**

つまり、遺伝子を残したいという本能から、豊かな胸に惹かれるのです。

張った胸は、授乳でなくパートナー選びのために進化したとも考えられているよ

男性がくびれたウエストを好む理由

男性が女性のくびれたウエストを好むのはなぜなのでしょうか。
それには、次のような理由があります。

- **男性の性的本能は生殖能力の高い女性を求めるため、くびれたウエストをもつ女性に性的関心を無条件に刺激されるから**
- **ウエストのくびれは、妊娠していないことや若さの象徴であり、女性ホルモンが活発に働いている証だから**
- **くびれたウエストは健康であることの証だから**

男性が理想とする女性のヒップ：ウエスト比は 1:0.7

男性が女性の身体でもっとも魅力を感じる要素はウエストのくびれ具合だったという実験結果があります。
男性がもっとも好む割合を調べるために、ヒップ1に対して、ウエスト0.7、0.8、0.9の割合を示す女性のボディラインを提示しました。
そのなかで、男性がもっとも魅力的だと答えたのは、「1：0.7」の女性でした。
男性は女性のくびれに弱いことがわかります。

メイクでわかる女性の心理

キレイになりたい、気になっている部分を隠したい、なりたい自分に少しでも近づきたいなど、メイクは女性にとって自信をつけるためには欠かせない日々の習慣です。どの部位に気合いを入れてメイクしているかによって、その女性の心理がわかります。

眉

- 芯の強さをアピールしたい
- 気が強い

目

- カワイらしさをアピールしたい
- 自己主張が強い
- 感情の起伏が激しい

鼻

- 知性をアピールしたい
- プライドが高い
- 成功したい

口

- 会話上手をアピールしたい
- 性的アピールが強い
- 笑顔に自信がある

肌

- 若さをアピールしたい
- 健康美をアピールしたい
- 真面目
- 正義感が強い

持ち物でわかる女性の心理

女性は持ち物にこだわりをもっている人が多いもの。ここでは、持ち物からわかる女性の性格タイプを浮き彫りにしていきます。

靴

ローヒール

- まじめでしっかりしている
- 仕事重視タイプ

ハイヒール

- 女性の魅力をアピールしたい

スニーカー

- フレンドリー
- 親しみやすくマイペース
- 活発、活動的

サンダル（ミュール、ビーチサンダル）

- 自由人
- 縛られることを嫌う
- 性的魅力のアピール

ショートブーツ

- 親しみやすさがある
- 明るくて積極的
- どっちつかずな一面も

ロングブーツ

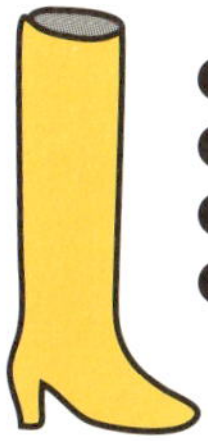

- 自己主張が強い
- 攻撃的な一面も
- 自己防衛
- 女性としての魅力をアピールしたい

あなた自身はどんな靴をはいているかな？
身近な女性の足元もみてみよう

ファッションでわかる女性の心理

女性のファッションには、個性が表れやすいものです。あなたのまわりの女性は、どのタイプに当てはまりますか？

流行のファッションをしている

- 注目されたい
- 他人に対して依存心が強い
- 人と違うことに不安を感じる

派手なファッション

- 目立ちたい
- 自己主張が強い
- 本当は内向的で自分に自信がない

個性的なファッション

- ユニークさを表現したい
- まじめで自分自身とまわりをしっかり認識している
- 周囲に同調することを嫌う

露出度が高いファッション

- 自尊心が強く、自我も強い
- 自己中心的で、我が道をいく
- 男性の注目を集めたい
- 女性としての魅力をアピールしたい

ベーシックなファッション

- 保守的で規律を守る
- 頑固
- 秘めたこだわりをもち、自分に自信がある

凝ったデザインのファッション

- ユニークさをアピールしたい
- 頑固で融通が利かない
- 自己表現欲が強い

メルヘンなファッション

- 自己愛が強い
- 自分の現状に満足していない
- 現実の世界から逃避したい気持ちの表れ
- 子どものままでいたい願望がある

髪型でわかる女性の心理

髪型は女性の魅力の象徴です。「髪型が決まらなければその日１日やる気が出ない」という女性もいるくらい、女性にとって髪型は大切な要素です。代表的な髪型から見えてくる女性のタイプをみてみましょう。

ロング

●女性らしさを強調したい
●芯があり、冷静
●ストレートのロング

プライドが高い

セミロング

●協調的なタイプ
●平均的なものを好む
●目立つのを嫌う、妥協的
●容姿以外に自信がある

ショート

- 容姿にも内面にも自信がある
- 素の自分を出せる
- 積極的
- 自己主張ができる
- 仕事が好き
- 甘え下手

前髪が厚い、耳が隠れている

- 甘えんぼうタイプ
- 感情を隠したい
- 情報を遮断したい
- ひとりを好む
- 依存的でもある

「人からこんなふうに見られたいな」という髪型にするのもありだよ

顔のパーツでわかる女性の心理

古くから人相学や顔相学といわれる研究がされているように、顔のパーツや表情の動きでその人がどのような人なのかがわかります。「顔」から読みとれる性格をみていきましょう。

顔の形

角ばった顔・四角い顔

●意志が強い
●プライドが高い
●努力家
●頑固
●優しい一面もある

逆三角形の顔

●想像力が豊か
●美的センスがある
●聡明
●パニックになりやすい

丸顔

●社交的
●明るい
●おおらか
●楽観的

目

大きな目

- 甘えんぼうタイプ
- 行動派
- 責任感が強い
- 好奇心旺盛

小さな目

- 慎重派
- 賢明
- 忍耐強い
- 嫉妬深い

鼻

高い鼻

- 自己主張が強い
- 自尊心が高い
- 社会的に活躍したい気持ちが強い

低い鼻

- 協調性がある
- 嫌われにくい
- 人に流されやすい

口

大きな口

- 行動力がある
- 明るい
- だまされやすい
- 会話好き

小さな口

- 消極的
- 諦めやすい
- しっかり者

耳（耳たぶの厚さ）

耳たぶが厚い

- サービス精神旺盛
- 愛情深い
- 面倒見がいい
- リーダータイプ
- 優しい一面もある

耳たぶが薄い

- 感情表現が苦手
- 物事に実直に取り組む

しぐさでわかる男女に共通する心理

無意識のうちにしてしまうしぐさには、その人の本音が隠れています。ここでは、男女に共通する代表的なしぐさと隠れた心理を紹介します。

目

目がキョロキョロと動く

- 好奇心旺盛
- 不安を感じている
- 自信がない
- 精神的に不安定

まばたきの回数が多い

- 緊張している
- ゆっくりの場合は反論や否定の感情がある

見つめる

- 好意がある
- 興味があり目が離せない
- 上目づかいの場合は甘えが強い証

話すときに視線をそらす

●自分の意見に自信がない
●緊張している
●話している途中で視線をそらすのは
反論を拒否している証

目が合って、視線をそらす

●気まずい気持ちがある
●特別な思いがないことの証

足

足首をクロスさせる

●防衛的
●相手を警戒している
●空想的でロマンチスト
●精神的に子どもっぽい

膝を開く

●細かいことを気にしない
●リラックスしている
●警戒心がない
●異性関係もオープン

つま先が開く

●行動派
●向上心が強い
●ポジティブ
●上昇志向
●仕事も恋愛も積極的

足の組み替えが多い

●不満がある
●イライラしている
●満足していない
●欲求不満
●活動的

靴をつま先にひっかけてブラブラさせる

●退屈している
●相手を軽く見ている
●異性関係にだらしがない
●心理学で靴は「性」の象徴
●半分脱いでいる＝貞操観念が低い

手

手をやたらと動かす

●自己表現をしている
●伝えたい気持ちが強い

頬づえをつく

●退屈している
●不満や不安があり、
癒してもらいたい

しきりに髪をいじる

●退屈している
→自己親密行動のひとつ
●性的アピールをしている

頭のてっぺんをさわる

●恥ずかしい
●甘えたい

頭をなでられた子どものころの気持ちが忘れられない

口元に手をもっていく

●相手に依存したい
●精神的に幼稚
●隠したいことがある

目や鼻をこする

●緊張している
●やましいことや嘘をごまかしたい

身体の前で手を握る

●拒絶している
●怒りや拒否、不快な気持ちを抑えている
●相手より優位に立ちたい気持ちの表れ

手のひらを上にする

●心を開いている
●リラックスしている

手を隠している（手を後ろに回したり、ポケットに入れる）

●警戒している
●自分の感情を悟られたくない
●自分のほうが上だとアピールしたい

ボディタッチが多い

●親しくなりたい
●相手を下に見ている

女性はとくに身体の距離と心の距離が比例している

寝相でわかる男女に共通する心理

寝ている姿は自分ではわからないものです。でも、リラックスして眠っているときの寝相には、その人の本性が表れます。あなた自身や、あなたのまわりの人はどんな寝方をしていますか？

仰向け

- 何事にもオープン
- 自分に自信がある
- のんびりタイプ

うつ伏せ

- 几帳面
- 自己中心的
- 閉鎖的な一面も

胎児型（横向きで丸まっている）

- 警戒心が強い
- 依存心が強い
- 甘えや愛着心が強い

半胎児型（横向きで膝を少し曲げている）

- バランスがとれている
- 協調性がある
- 優柔不断
- 甘えや愛着心がある

抱きつき（抱きまくら、布団などを足に挟み込む）

●理想が現実にならず不満をもっている
●性的欲求不満の可能性もある
●不安から愛着心が強い

膝を立てる

●神経質なところがある
●短気な一面も
●行動的

ふとんをすっぽりかぶる

●おおらかさがある
●気持ちが落ち着いている
●隠れたい願望がある

スフィンクス型

●神経質なところがある
●不眠症の可能性がある

視線でわかる男女に共通する心理

「目は口ほどにものを言う」とはよく言われることですが、視線から人の心理を読みとることができます。順にみていきましょう。

目を泳がせる（視線をあちこち移動させる）

●不安で落ち着きがない
●話に集中していない
●退屈している
●困惑している

眺める（視線を向けるだけ）

●相手への関心が薄い
●場の緊張を和らげようとしている
●リラックスさせようとしている
●相手より優位に立とうとしている

凝視する（無表情で見つめる）

- 相手に強い関心を示し、緊張している
- 相手の感情を引き出そうとしている
- 攻撃的になっている

注目する（柔らかな表情で見つめる）

- 好意をもっている
- 興味がある
- 信頼していたり、愛情をもっている証
- 笑顔でだまそうとしていることも…

目をそらす（目を向けるが視線を外す）

- 拒否の姿勢
- 無関心を装いたい
- 対立を避けたがっている

唇で相手の感情の変化を読み取る

好意は、相手の口角が上がっているか、下がっているかでわかる

口のまわりにはたくさんの表情筋があり、口元で豊かな表情をつくることができます。感情の変化はそのまま口や唇の動きに表れやすいので、注意深く観察すれば、心の中を読み取ることもできます。口の両端をみれば、相手の好意を知ることさえできるのです。

たとえば、**怒っている場合、相手に対して攻撃的になるため、唇は前に突き出ます。**唇が固く結ばれ前に突き出しているときは、無言であっても怒っている証拠です。一方、**恐れの場合、相手の勢いに押され、あごも引いてしまう**傾向があります。

では、相手が自分に対して好意をもっているかどうかはどこを見ればいいの

でしょうか。この場合は、頬骨筋《きょうこつきん》という頬から口元を引っ張っている筋肉が動くので、口角が上がっているか、下がっているかに注目してみましょう。ハッピースマイルの形になっていれば、ＯＫです。

「話しかけてもリアクションがよくない」「あまり会話が長続きしない」など、相手が好意をもってくれていないのではないかと自信をなくしたとしても、もし**口角がキュッと上がっていたら、それはただの照れ隠し**だと考えられます。

また、**唇には性的に興奮したときにだけ、膨張して赤くなり、突き出してくるという反応があります。**ただ、非常に微妙な変化のため、近距離で観察できるチャンスがなければ判断がつかないかもしれません。

恋人同士で、相手が性的に興奮していることを確かめるのであれば問題ないでしょうが、相手の好意もわからないうちに近づきすぎると当然嫌われてしまう可能性があります。気をつけましょう。

相手の鼻が気になったら性的に意識している証

鼻と嗅覚は、性的な意味をもっている

目や口元が表現力豊かなのに対し、鼻という部位が注目されることはほとんどありません。しかし、男性は好意を抱いている女性の鼻にはつい関心をもってしまいます。

よく男性の鼻と男根との間に因果関係があるという俗説がありますが、実際に男性の心理として鼻は性的意味をもっています。**男性が性の対象として女性を意識したとき、女性の小さな鼻がとてもいとおしく、強い保護本能をかき立てられる**のです。

男性が女性に向かって、「かわいい鼻だね」「食べちゃいたいくらいの鼻だ」などと切り出したら、特別な感情を抱いている証拠です。

また、鼻が性的意味をもつと考えられているのは、鼻には嗅ぐという機能があるためです。動物は発情期になると、異性を引きつけるフェロモンを分泌しますが、発情期が明確でない人間は、フェロモンを分泌する機能や感知する機能が退化しているといわれています。

しかし、はっきりとした発情期がなくても、自分にふさわしいパートナーを求めるのは動物としての本能です。**異性が発するにおいを敏感に嗅ぎ分けるのが、鼻の役目**なのです。

性行為の際、相手の体臭を心地よく感じられるかどうかは生理的に合うかどうかの大きな要素となります。

視線でわかる話し手と聞き手の心理

話し手が聞き手をじっと見るときは、注意、嘘、話を誇張するとき

話し手側にしても、聞き手側にしても、視線によって心の変化を読み取ることができます。人と人が会話をする際、聞き手の視線は自然に話し手を見ています。一方、話し手は、聞き手よりも相手を見ることは少なく、ときには、窓の外の景色を見たり、まわりを見渡しているものです。

もちろん、相手の反応を確かめたり、同意を求めるときには視線を聞き手に向けます。これは会話をコントロールしているのが話し手だからです。

話し手と聞き手の間には多く場合、主従関係があるため、聞き手は支配者である話し手から目を離せません。聞き手が目をそらしてしまうということは、話を聞いていない証拠になってしまいます。

しかし、**話し手が聞き手から目をそらさずに話をする場合があります。聞き手に忠告を与えたり、厳しく言い聞かせるなどのケースです。**また、話し手が**嘘を見破られたくないときや、話を誇張してしまったときなどにも同じ現象が起こります。**

では、聞き手はどうでしょうか。基本的には話し手から視線を外さないものですが、「話の内容に感動した」「相手の存在を意識しすぎた」など、視線を動かすことで無意識のうちにサインを送っている場合があります。

話し手からすると、一見嫌われていると思いがちな**伏せ目は、「謙遜」を表します。**まぶしすぎて見ていられないほどの感情があり、相手を尊敬していることを意味します。もし話を聞いている相手がフッと目を伏せたら、好意を抱いている証拠かもしれません。

逆に仰ぎ目の場合は、好意を示しますが、「見せかけの潔白」を意味する場合もあります。**潔白のフリをするときに思わずやってしまうしぐさが仰ぎ目**です。

首筋で相手を誘惑できる

女性なら首筋を見せ、男性ならのど仏を見せるのが効果的

首筋には微妙な表情があります。とくに女性の首筋にドキッとするほどの色気を感じ、性的魅力を抱いてしまう男性も多いでしょう。

一般的に男性の首はがっしりと太く、女性は細くしなやかです。女性の細い首筋は弱さを印象づけます。女性特有の美しい首筋のラインは、恋愛において強力な武器になります。

頭を横にかたむけて迷っているしぐさは、男性にとってその女性に思わず心をときめかせてしまうポイントになります。頭をかたむけたときにチラリとのぞく首筋のラインが、男性の目には妙に色っぽく映ります。

ただ、男性が同じようなしぐさをしても魅力的に見えません。**男性が性的魅力をアピールし、印象づけたいのであれば、あごを浮かせてのど仏を強調するのが効果的**です。ただし、このしぐさは、威張っているようにも見えるので、注意が必要です。

ほかにも、首筋のラインを強調するには、首をねじって後ろを振り返ったり、うたた寝をする際に、頭を前に倒すのではなく、片側の首筋を伸ばすように横にかたむけると美しく見えます。

ただし、女性が首筋を強調するようなしぐさは、挑発しているように受け取られるということも忘れてはいけません。好意をもっていない男性にまで乱用し、無駄に刺激することは避けましょう。

印象を左右するちょっとしたしぐさ

見た目の印象もそうですが、会話をしているときのちょっとした動作やしぐさでも、相手に「温かい印象の人」「冷たい印象の人」というイメージを与えることがあります。どういう印象をもってもらいたいのか、ちょっとしたしぐさを意識することで、与える印象が違ってくるのです。

温かい印象を与えるしぐさ

- 近い距離で話す
- 会話の際に目をよく見つめる
- 話を聞きながら微笑む
- うなずく、あいづちを打つ
- ときどき目を見開く
- 眉をあげる
- 相手に身体を向けている

冷たい印象を与えるしぐさ

- あくびをする
- よそ見ばかりする
- 眉をひそめる
- 天井ばかり見る
- 爪や指をさわる
- キョロキョロしている
- 相手に身体を向けていない
- うなずきやあいづちをしない

童顔、幼い声の人は温かく優しい性格と思われる傾向があるよ

Column

身につける色で気分や性格がわかる

男性は鮮やかか暗め、女性は中間色を好みやすい

人は気分のよし悪しで、選ぶ色を変えます。

スイスの心理学者・ルッシャーの研究によると、人は気分によって手に取る洋服などの色が異なるといいます。たとえば、明るい色は気持ちが上向いているようなとき、暗い色を選ぶときは落ち込んでいるようなときです。あなたにも身に覚えがありませんか？

また、性別の違いでも、色の好みが変わってきます。男性は、鮮やかな色合いや暗い色合いを好み、女性は、中間色のような淡い色合いを選ぶ傾向があるのです。色彩が私たちの心理に与える影響は、とても大きなものです。

左ページに、身につける色でわかる気分と性格を紹介しました。あなた自身や、まわりの人に当てはめてとらえてみてください。

赤	ピンク
・情熱的で積極的に行動するタイプ ・怒りっぽく攻撃的な一面も	・ロマンチックで愛らしく、親しみやすいタイプ ・無邪気な一面もある

黄	緑
・明るく社交的でユーモアがあるタイプ ・じつは野心家	・我慢強く堅実なタイプ ・落ち着いて自己主張ができる

紫	青
・気品と色っぽさをあわせもつタイプ ・神秘的でロマンチストな一面も	・知性的で冷静なタイプ ・判断力や責任感がある ・人と信頼関係を築きやすい

黒	茶
・周囲を寄せつけないタイプ ・社会秩序を守り、保守的な一面も ・葛藤を抱えている	・協調性があり協力的なタイプ ・家族や仲間を大切にし、安定性がある

第2章

男性の
性格の特徴

男性は誰かに認めてもらえることで安心する

「幼少期に厳しく育てられた男性ほど、他人から認められたい」

男性は、誰かに認めてもらえることで安心するという特徴があります。

それは、他人と競い合うという本能をもっているからです。そして、**戦って「まわりよりも自分が優れているんだ」と感じることで、プライドが満たされます。**

この傾向は、**とくに幼少期に、親からほめられずに育った男性に多くみられます。**

認められたいという欲求のことを「承認欲求」といいます。これは「誰かに認められたい」「ほめられたい」という思いのことです。

厳しく育てられてきた分だけ、他人からの評価が気になってしまい、認めてもらえないと心配になってしまうのです。

プライドが高い＝精神的にもろい

あなたのまわりに、プライドが高い男性はいませんか？　じつは**プライドが高い男性ほど、「精神的にもろい」**のです。こういった男性は、プライドが傷つけられるような場面で、怒りを抑えることができません。

この怒りの裏には、不安や恐れという感情が隠されています。**他人からの評価でしか自分に自信をもつことができないため、些細な批判でも傷つき、怒りという形で気持ちを表してしまう**のです。

「この人はプライドが高いかも…」という男性に出会ったら、外見でも仕事の仕方でも、「いいな」と思えるところから、ほめることを心がけてみましょう。相手は「この人は認めてくれている」と受け取って、思わぬ信頼関係が築けるかもしれませんよ。

男性はほめられて伸びる

ほめてくれる相手を味方だととらえる

人からほめられるのは、誰でもうれしいものです。自分を認めてもらえたという承認の欲求が満たされるので、気持ちよくなるのです。とくに男性のほうが、ほめられると喜ぶ傾向があります。

自分に自信のない男性は、女性からほめ言葉をかけられると、ほめてくれた女性を自分の味方だととらえます。**「いいですね」と言ってもらえることが何回も続くと、男性のほうが、相手に好意を感じ、恋心を抱くこともあります。**

一方で、ごく少数ですが他人から「○○さんはすごいですね」と言われたとき、怒り出したり、卑屈になったりする男性もいます。この場合は、何らかのコンプレックスを抱えていたり、じつは過去に陰で笑われていたり…とプライドを傷つけられた経験をしていることが考えられます。見え透いたわざとらしいほめ言葉は、相手をバカにしているように受け取られてしまうので、避けたほうがいいでしょう。

とはいえ、ほめることは相手への好意の表れです。

相手をほめることで好意を伝えることができますし、ほめられた相手はほめてくれた相手に対して好意を感じ、その好意を返したいと思うものです。

うわべの言葉ではなく、**気持ちを込めて相手をほめることは、男性の自尊心を支え、弱い自分を誇らしい気持ちに変え、能力以上の力を発揮する原動力にもなります。**

女性は、ぜひ身近な男性に対して心がけてみましょう。

愛車でわかる男性の心理

車好きの男性は、車に対する強いこだわりをもっています。自分の相棒、自分の分身のように大切にしている愛車には、持ち主の深層心理が反映されています。男性の車にはどのような心理が隠されているでしょうか。

スポーツカー

競争心が強い

基本的に男性は競争心が強いという特性があります。スポーツカーを選ぶのは、とくに格好つけたがり、競争心が強いタイプ。速い車への憧れや、速い車は価値があるという思いがあります。

四駆

強い男への憧れ

四輪駆動車は頑丈で雪道や山道など悪路走行に強い車です。つまり、四駆は強い男に憧れているタイプの男性が好みます。四駆を運転している自分が強い男になったように感じるヒーロー願望の表れといえます。

高級車

自己顕示欲の表れ
実力以上の評価をしてほしい欲求の表れ

高級車に乗っている人には「経済力がある」「社会的に成功している」というイメージを抱くのではないでしょうか。
実際に成功している人であれば、自分を誇示するタイプ。
成功していないにもかかわらず、高級車に乗っている人の場合は、見栄があり自己顕示欲の強いタイプといえます。
実力以上の評価を得たいという欲求をもっています。

好きな女性の体型からわかる男性の性格

3タイプの女性でわかる日本人男性の傾向

アメリカの心理学者・ウィギンズらにより、女性の胸、お尻、脚への好みから、男性の性格が判断できるという研究が行われました。

3つの部位の女性のヌードシルエットをバラバラにして、それぞれを男性に見てもらうというもので、その結果、男性の性格によって、どんな女性の体型を好むかが明らかになったといいます。

左の説明は、日本人男性の傾向も加味しています。

あなたはいかがでしょうか？

小柄な女性を好む

- 他人を支配したい欲求が強い
- 自分より弱い立場の人を保護したい欲求が強い
- 辛抱強い
- 内向的
- 慎み深い

胸が大きい女性を好む

- 甘えんぼうタイプ
- マザコンタイプ
- 男らしい
- 外交的
- スポーツマン
- プレイボーイの傾向がある

脚が細い女性を好む

- 知性を好む
- 自己顕示欲が強い
- 社交的
- 面倒見がよい
- スタイルにコンプレックスがある

気づかずに傷つけているかも！男性への禁句ワード

何気なく言っている言葉が、知らず知らずのうちに、男性を傷つけていることもあります。とくに異性として意識している相手に対しては、これらの言葉は言わないように気をつけましょう。

「かわいい～！」

女性はほめ言葉として言ったつもりでも、男性は「男として見られていない」と感じてしまうため×

「一緒にいても、おもしろくない」

男性にとって「一緒にいておもしろい」や「一緒にいると楽しい」というのは、大きなほめ言葉のひとつ。その逆の「おもしろくない」は男性に「あなたには興味がない」と言っているのと同じになるため×

「いい人ですね」

「いい人＝恋愛対象外のどうでもいい人」ととられてしまうことも…。女性側はほめているつもりでも、男性はうれしいと感じられないため×

「お酒弱いんだね」「体力がないんだね」

この発言はどこかで「男のくせに」という女性の中の男性のイメージが前提にあることも。言われた男性もコンプレックスを抱いている可能性があるため×

「痩せてますね」

ダイエットをしている女性にとってはほめているつもりでも、男性からすると「男らしくない」と言われているように受け取ってしまう可能性があるため×

「頼りないね」

男性は基本的には女性に頼られたいもの。「頼りない＝男らしさがない、弱い」ということを連想してしまうため×

「チビ」「デブ」「ハゲ」

これらは絶対に言ってはいけない禁句ワード。とくに身長と髪のことは克服することが難しい分、コンプレックスを抱いている男性が多いため、どんなに親しくても配慮が必要

男心をくすぐる！ 男性へのとっておきワード

ここでは、男性が喜ぶ言葉を紹介します。

「すごい！」「さすが！」

これらはほとんどの男性が喜ぶ必殺ワード

「こんな体験ははじめて！」

男性は競争心が強い分、女性にとっての「はじめて」を自分が演出できたことに優越感を感じる

「男らしい！」

男らしいという表現には、頼りがいがあるという意味が含まれる。男性は女性から頼りにされることで「守ってあげたい」という思いもわいてくる

「おもしろい！」

「おもしろい＝モテる」と思っている男性が多いため◎

「一番だね！」

一番という言葉は競争心が強い男性にとって、誰よりも優れているということを味わえるため◎

「やっぱり○○さんは違うね！」

「やっぱり」という言葉には、以前からそう思っていたという意味を含めることができる。「○○さんは違う」は、競争心が強い男性の心を刺激するため◎

「○○さんのあの仕事の結果はすごかった！」

多くの男性にとって、仕事＝人生。とくに男性は仕事の結果について評価してもらえると、喜びと自信を感じることができる

男性がつい買いたくなる3つの心理

男性によく売れるものには、理由があります。どんな戦略が男性の購買意欲を刺激するのか、紐解いてみましょう。

キーワード1　「美女」

美しいものとセットにして見せることで、
商品がさらに魅力的に見える

展示会、商品発表会などに立っているコンパニオンは、商品にはまったく関係がないのですが、美女に対する気持ちの高ぶりと、その商品に対する気持ちの高ぶりが結びついて、商品だけが展示されているよりも、足を運んだ男性たちの目に魅力的に映ります。

キーワード2 「特別感」

優越感や特別感を刺激されると飛びつきたくなる

男性は職人気質の人が多いため、実際に職人が使っている「プロ仕様」のものを好む傾向があります。愛車を改造する人もいるように、自分オリジナルのものに組み立てられるような商品に惹かれるところもあります。

また、「限定品」は、「ほかの人が手にできないものをもっている」という優越感が刺激されるので、男性には魅力的に映ります。

キーワード3 「反発心」

禁止事項がある→反発心がわく→惹かれる

たとえば、男性雑誌にある袋とじは、隠すことで「かえって見たい」という読者心理をくすぐります。「〇〇してはいけない」という禁止事項があることで、「見てやる！」という反発心がわいてきます。これは、女性に比べて男性に起こりやすい心理です。この反発心を利用した戦術は、商品への興味をよりかき立てるために、マーケティングでよく使われている手法です。

言動から読みとれる男性の心理

会話の端々や行動には、その人の本音が表れます。あなた自身、あるいは身近な男性に当てはまる人はいませんか？

すぐに腹を立てる男性

→まわりの人に自分の「力」を認めてもらいたい

身近な人たちに対し、いつも怒っている男性は、感情抑制力がなく、しかも「自分は正しい」と思っている傾向があります。怒りの裏側には「できる自分を認めてもらえていない」「認めてもらいたい」という感情が隠されているのかもしれません。

忙しいことをアピールする男性

→仕事をほめられたい、認められたい

「忙しい」と口ぐせのように言っている人は「自分は優秀だから仕事がたくさんある」とアピールしています。「まわりからほめられたい」「認められたい」という気持ちが強いのです。

リーダーになりたがる男性

→競争心が強く、嫉妬深い

男性はもともと競争心が強く、リーダーになりたがる傾向があります。ただ、いつも人の上に立ちたいという男性は、支配欲求が強く、それが叶えられていないと、自分より目立つ人物に嫉妬する可能性があります。

言い訳をする男性

→プライドを傷つけないための予防線を張っている

言い訳は、失敗をしたときに「自分のせいではない」「自分の実力ではない」という予防線を張るための行為です。とにかく自分を守る自己防衛的タイプで、いざというとき、彼女も部下も守らないかもしれません。

「結果」を重視する男性、「プロセス」を重視する女性

会話時、男性は左脳だけを使い、女性は右脳と左脳の両方を使う

男性は、女性の話を聞くときに「まわりくどいなぁ」と思うことはありませんか？

女性は、男性の話を聞くときに「そっけないなぁ」「ストーリーがないなぁ」と感じることはありませんか？

これには、男女の特性の違いが大きく影響しています。

男性の場合、はじめに結論を述べることが多く、結果に至る過程に重点を置いていません。プライベートの会話の場面でも、結論のない話をする女性に、「結局、何が言いたいの？」「どうしてほしいの？」と、イライラする傾向があります。

一方、**女性はプロセス（過程）を重視するため、結論から話すのではなく、結論に至るまでにどんなことがあったのか、何をしたのかというストーリーを話す傾向があります。**

この違いは、男女の脳の違いによって起こるともいわれています。

右脳と左脳をつなぐ脳梁《のうりょう》が細い男性は、会話をするときに、言語中枢のある左脳だけを使うので、論理的に必要なことだけ話そうとします。

一方、女性は脳梁が太い分、右脳と左脳の両方を使って話をするため、どんどん話が広がっていったり、感情が入ってきたり、話しながら結論を出していったり…ということが起こりがちです。

この男女の違いを仕事に活かすなら、**男性の上司には結論から話し、女性の上司には、結論と合わせて過程もしっかり話すようにするのがおすすめ**です。そのほうが、コミュニケーションがスムーズになります。

男性は恋のライバルの権力に嫉妬し、女性は恋のライバルの容姿に嫉妬する

嫉妬するのは、男性は女性の見た目に、女性は男性の権力に惹かれるから

嫉妬心とは、ライバルに対するコンプレックスの証です。

恋のライバルが自分よりも優れている場合、「恋人をとられてしまうかもしれない」と不安になります。ところが、自分よりも明らかに劣っている相手が恋のライバルの場合、人は「奪われる心配はないだろう」と安心します。

このように、嫉妬心はライバルの存在を感じたときに、男性にも女性にも芽生える感情です。

ただ、男女によって嫉妬を感じるポイントに大きな違いがあります。

ある心理学の実験で、男女を対象にライバルの嫉妬心をはかるための調査を実施しました。結果、男性は、外見がいい相手より、経済力や社会的地位、才能などが高いライバルに嫉妬心を抱くことがわかりました。

一方、女性の場合、高学歴、高収入の相手より、外見が美しくセクシーなライバルに大きな嫉妬をすることがわかりました。

男性が経済力や社会的地位の高いライバルに嫉妬するのは、女性が男性に経済力や地位を求めているから、女性が外見の美しいライバルに嫉妬するのは、男性が女性の外見を重視しているからだと考えられています。

上司に好かれる男性
上司に嫌われる男性

職場の上司と信頼関係を築けるかどうかは、重要なことです。ここでは、上司に好かれるタイプの男性と上司に嫌われるタイプの男性を紹介します。

上司に好かれる男性

お世辞・ゴマすり上手

仕事を円滑に進めるためには、ヨイショを使いこなすのも大切なこと。ヨイショできる部下を嫌う上司はそういません。

仕事に積極的に取り組む

仕事に対して積極的に取り組む部下を、上司は頼もしく感じるもの。戦力になる部下がいるということは、将来的に自分を支えてくれる存在がいるということ。だからこそ、上司はかわいがろうとします。

指示に素直に従う

指示したことに笑顔で素直に受け答えするあいづち上手の部下は、どんな上司から見ても、かわいく思えるものです。

上司に嫌われる男性

独断で仕事を進める

報告や相談をないがしろにして勝手に動いてしまう部下を、上司は嫌います。何か起こったときに、大きなトラブルになりかねないからです。いくら仕事のできる人でも、報告・相談は怠らずしたほうが◎

上司を立てない

上下関係を重んじる男性社会において、上司を立てない部下は仕事ができても嫌われます。上司も人間です。縦のルールにのっとって周囲とコミュニケーションをとらないと、チャンスを与えてもらえないことにも…。

プライドが高すぎる

プライドが高すぎて、謝罪をしなかったり、自分の我を通そうとしたり…ということが続くと、扱いづらい部下だというレッテルを貼られてしまいます。

部下に好かれる男性
部下に嫌われる男性

部下に好かれる男性と嫌われる男性には、どのような違いがあるのでしょうか。

部下に好かれる男性

部下の能力を引き出せる

ほめ言葉や、叱咤激励で部下の能力を引き出す上司は好かれます。チャンスを与えて成長をうながせるとさらに◎。

明るいムードをつくる

笑顔を忘れず、周囲に対して「ありがとう」と感謝の気持ちや、「がんばっているね」などねぎらいの言葉をかける上司がいると、職場が明るくなります。

部下の話に耳をかたむける

部下から相談を持ちかけられたとき、部下が意見を言ってきたとき、対等な関係性で耳をかたむける上司は慕われます。

部下に嫌われる男性

ミスを部下になすりつける

部下自身がミスをしたときだけでなく、自分自身の失敗をも部下になすりつける上司は、陰で軽蔑されてしまいます。

手柄を自分のものにする

部下は上司の働き方や人間性をよく見ています。部下の手柄を自分の手柄として周囲に振る舞う上司には、人はついてきません。

プライドが高すぎる

部下たちは、公平・平等であることを重視します。好き嫌いで部下をひいきする上司には、本当に有能な部下がついてこなくなることも…。

第3章

女性の
性格の特徴

女性は暗示にかかりやすい

男性に比べて不安を感じやすい分、暗示にかかってしまう

女性は暗示にかかりやすいという特徴があります。
どういうことなのか、例をあげてみてみましょう。

たとえばダイエット。女性たちの多くは痩せることに敏感で、「○○に効く」と聞けばなんでも試してみようとします。

メディアで紹介された食材が翌日スーパーから消えるというのはよくある話ですね。この調味料を使えば脂肪を燃焼しやすくなる、この果物をとると体温が上がって冷え性が改善する…など、「○○に効く」とされるものがメディアでとりあげられるたびに、その食材がブームになり、また新しい食材がとりあげられると、新しいブームが起こる。

いつの時代でも、この連鎖を繰り返しています。

通販番組でも、女性向けの高額商品がどんどん売れています。ひとつのブームが去っても、また新しい別の商品に、女性たちが飛びついていきます。

これらの行動は、すべて「女性が暗示にかかりやすい」という特徴からきています。それは、**女性が男性に比べて、不安感を感じやすい生きものだから**です。

女性ホルモンのバランスが乱れやすかったり、左右の脳の情報交換が活発なことで、いろいろな考えをめぐらせてしまい、不安感が増していくのです。

また、**女性は男性より「自己評価が低い」「同調性が強い」という傾向があります。**

その分、人から身体にいいことを教わって、少しでもいい結果が出ると、ますます信じこむようになっていくのです。

クチコミが広がりやすいのも、女性ならではの特徴といえます。

女性は占い好き

「あなたは○○で、こんな一面もあります」と言われると安心する

手相占いに星占い、タロット占いにカラー占いなど、さまざまな占いがあります。

毎朝、テレビの占いをチェックしたり、毎月買っている雑誌の占いページを欠かさず読んでいたり…と、占いが好きな女性は、男性に比べて多いのではないでしょうか。

なぜ、女性は占いが好きなのか、答えは心理学で説明できます。

人には、誰にでも当てはまるような一般的なことを、「これは私のことだ！」と思い込む傾向があります。これを心理学では「バーナム効果」と呼んでいます。これが占いに応用されているのです。

また、「あなたは普段は明るく振る舞っていますが、少しでも何か不安なこ

とがあると、それにとらわれて悩んでしまいがちです」といったように、二面性を指摘されると、まるで自分の心を言い当てられたかのように感じることもあります。

もともと、男女に関係なく、人は他人から認められたいという欲求をもっており、「あなたはこういう人です」と断定されると、つい信じてしまう傾向があります。

とくに**女性の場合は、危険を察知する能力が高い分、不安を感じやすいという特性があるため、「あなたはこういう人です」と言われると、「そうなんだ」「私のことをわかってもらえている」と不安が払拭され、安心します。**占いをすることで、女性は安心を得たいのです。

男性と違って女性は、古来から家やわが子を守るという受身の文化の中で生きてきました。その分、人に何かを言ってもらうことで不安を取り払おうとしたり、受身になりやすいのかもしれませんね。

女性にとって母親との関係性は アイデンティティに影響する

親子関係は、人間関係を形成するうえで重要な土台です。

とくに、娘にとって母親は一番身近な「女性」であり、女性としてのアイデンティティを確立するための手本ともいえます。

1 母親が娘に対して、どのように接し、どのような育て方をしたのか

2 母親がどのようなアイデンティティをもっているのか

この２点は、娘のアイデンティティを形成するうえで、大きな影響を与えます。
母親が極端な場合の娘との関係性について、４つのパターンをみていきましょう。

母親が勝手になんでも決めるタイプの場合

- 母親が自分の成功欲を娘で満たそうとしている
- その結果、娘は自立ができず、母親の判断がないと何もできなくなる

母親が過保護すぎるタイプの場合

●母親が寂しいがために娘の自立を妨げている
●その結果、娘は自立ができず、常に誰かを頼る依存体質になってしまう

母親がだらしないタイプの場合

●母親が自分の役割を果たさず、娘や周囲に面倒をみてもらおうとしている
●そのため、娘は母親を見捨てられず、重責を負うことになる

母親が娘と仲がよすぎる関係性の場合

●お互いがお互いに依存する、共依存的関係になる
●そのため、お互いにいつまでも自立ができない

このように、愛情あってのこととはいえ、何事も度が過ぎるとバランスを崩してしまいます。親子関係は人間関係の土台です。とくに母と娘の関係は、その娘が母親になり、娘が生まれたときにまで影響を与える可能性があることを、ぜひ知っておいてください。

女性の上司には密なコミュニケーション、女性の部下にはこまめな声かけを

用件や連絡以外のコミュニケーションをとろう

女性はコミュニケーションを大切にします。**上司が女性の場合、男性上司のときよりも多く「報告・連絡・相談」を行ったり、進捗状況を逐一伝えるくらいがちょうどいい**かもしれません。

また、女性上司とよりスムーズな関係を築いていきたいのであれば、**仕事の悩みだけでなく、個人的な悩みを相談するのもいいでしょう。**プライベートな面を知り、内面に触れることでお互い親近感が生まれます。

人は相手の内面を知れば知るほど、好感をもつようになるため、積極的にコミュニケーションをとろうとしてくる部下には、女性上司はつい目をかけてしまうものです。

では、女性の部下の場合はどうでしょうか。もちろん、上司の立場としては部下全員に対して平等に接するべきです。しかし、男女にはどうしても違いがあります。

その特性を把握し、適切な対応をすることが大切です。

女性の部下は、さまざまなことに気づきやすく、たとえば、上司が自分を気にかけていないことをすぐに察知して、不安になる傾向があります。

ですから、たとえ手のかからない部下であっても、放っておくのは禁物です。一つひとつのステップごとに確認をしながら、助言やほめ言葉などこまめに声がけをして、不安を解消してあげましょう。

上司でも部下でも、女性には、こまめに「会話」でのコミュニケーションをとることを心がけたいですね。ただし、まめにしすぎると、あらぬ誤解を招くこともあるので、やりすぎには注意をしましょう。

女性に好かれる女性
女性に嫌われる女性

同性同士の関係性は、ときに異性とのつき合いよりも難しい場合があります。同性から好かれるタイプ、同性から嫌われるタイプには、それぞれどんな特徴があるのでしょうか。

女性に好かれる女性

甘え上手な妹キャラ

年上から同年代にまで、
かわいがられる

天然キャラ

失敗しても憎まれない

サバサバ系の姉御キャラ

周囲から「頼りがいがある」
と思われる

女性に嫌われる女性

仕事やレスポンスが遅い

周囲をイライラさせる

我が強い

周囲から「自己主張が強くて扱いづらい」と思われる

感情の起伏が激しい

まわりを振りまわすため、敬遠されてしまう

自分の失敗を認めない、謝らない

謝らない女性は、「プライドが高い」と思われ、とくに嫌われる

ネガティブ

「悲観的」「卑屈」「一緒にいて楽しくない」と評される

女性の車の好みに表れる「憧れの恋人像」

女性の車の好みは、じつは憧れの恋人像にもつながっています。好みの車によって、どんな違いがあるのでしょうか。

白のセダンを選んだ女性

●男性に安らぎを求める
●一緒にいて落ち着く人を好む
●２人でのんびり楽しみたい願望がある

紺や黒のセダンを選んだ女性

●男性に誠実さを求める
●堅実でしっかりしている人を好む
●お互いの教養や知性を高め合いたい願望がある

黄色のワゴンを選んだ女性

- 男性と共有できる時間をたくさんもつことを求める
- 同じ趣味を楽しめる人を好む
- 友達感覚でおつき合いしたい願望がある

赤いスポーツカーを選んだ女性

- 男性にルックスを求める
- 愛情表現が豊かな人を好む
- ロマンチックなおつき合いをしたい願望がある

気づかずに怒らせているかも!? 女性への禁句ワード

これを言ってしまうと女性に「なんてデリカシーがない人なの！？」「この人とは関わりたくない」と思われてしまう言葉があります。意識して言わないように心がけましょう。

「いま、何歳？」

女性にとってはデリケートな質問のため、聞かないほうが無難

「太ったでしょ」

どんなに仲のよい相手でも、言われた女性は傷つくので×

「女のくせに」

女性らしさは男性にとって重要な要素だとしても、「女とはこうあるべき」という理想の女性像や固定概念を押しつけられることを女性は嫌うため NG

「○○しなさい、○○しろ（命令口調）」

命令口調で言われると、見下されたと感じる女性が多いため×

「ふぅ〜ん…」「…あっそう」

女性は相手との会話を楽しみたい生きもの。適当なあいづちをされると、相手に嫌悪感を感じる

「で、何が言いたいの？」

とりとめもなくただ話すのが好きなのは女性の特徴。そんなときに、結論を求められると腹を立ててしまうので×

「それならこうしなよ」

求めていないのにアドバイスされることを女性は嫌がる

女心をつかむ！女性へのとっておきワード

ここでは、女性が言われてぐっとくる言葉を紹介します。

「かわいいね！」

世代を問わず、「かわいいね」と言われると、女性は喜びを感じる

「○○さんのそういうところ、いいよね！」

女性への言葉がけは「共感」が必須。とくに自分が頑張っていることや、いいと思っていることについて認められると、心をつかまれる

「○○さんは特別なんだ」「○○さんだけだよ」

男性が一番を求めるのに対し、女性はオンリーワンを求める

「そうなんだね」「大変だったね」

話を聴いてもらいたいとき、こんなふうに共感して耳をかたむけてもらえると、女性はぐっとくる

「○○さんにしかできないことだよね！」

自分のことを見てくれている相手に対して、女性は大きな信頼感を寄せる

「○○さんの頑張りがすごかったよ！」

女性はプロセスに目を向けてもらえると、喜びと自信を感じることができる

女性が買いたくなる3つの心理

女性がつい買いたくなってしまう商品の数々。じつは女性の心理を押さえた巧みな戦略によってヒットしているのです。

キーワード1 「流行」

流行に敏感で、たくさんの人が支持しているものを選ぶ

女性はまわりへの同調性が高く、多くの人が支持しているものを求める傾向があります。「今年のトレンドは○○」「今夏は○○がイチオシアイテム」など、流行についての特集が組まれると、多くの女性がその商品を求めて、お店に走るのです。

キーワード2　「お得感」

お得感があるものを選ぶ

女性はお得感を感じるもの、日常のなかでささやかな幸せを感じるものを欲する傾向があります。付録やおまけ付きの商品を好んで購入したり、ポイントをコツコツ貯めるのも、女性に多くみられる特徴です。

レストランでのレディースセットなどは、少量のものを品数多く提供することで、お得感と喜びを感じさせる、女心をくすぐる戦術といえます。

キーワード3　「五感」

五感が刺激されるものを選ぶ

五感には「視覚」「嗅覚」「触覚」「味覚」「聴覚」があります。この五感を刺激されると、女性は購買意欲をかき立てられます。女性は男性に比べて五感が鋭く、モノの色や香り、質感を感じやすいのです。キラキラしたもの、お気に入りの香りの入浴剤やアロマ、肌触りのいい部屋着など、五感が心地よく刺激されるものを見つけると、つい買いたくなってしまうのです。

男性は一度にひとつのことに集中、女性は一度に複数のことをこなす

脳の構造が違うことが大きな要因

女性は一度に複数のことを同時進行で処理することができます。たとえば、電話をしながらネイルの手入れをしたり、料理をしながらテレビを見たり、仕事をしながら週末の予定を考えたり…。

一方、男性は本を読んでいるときや、パソコンに向かっているときに話しかけられても、反応できません。ひとつのことに集中すると、ほかのことに意識が向かないという特徴があるからです。

なぜ、そんなことが起こるのでしょうか？

それは、男性と女性では、解剖学的に脳の構造が違うためだといわれています。これには、「脳梁《のうりょう》」と「前交連《ぜんこうれん》」という脳の部分が深く関係しています。

「脳梁」や「前交連」は、いわば右脳と左脳の間で情報をやり取りする経路の

役割を担っています。その形や大きさには男女差があり、男性よりも「脳梁」や「前交連」が大きい**女性のほうが、右脳と左脳の情報交換が活発で、一度に複数のことをこなす能力に長けている**といえます。

仕事もプライベートも同時に大事にできる女性は、仕事が忙しいと家庭やプライベートがおろそかになってしまう男性の気持ちが理解できません。

そのため、「仕事と私、どっちが大切なの!?」「なんでそんなことを聞くんだよ!」といった、男女間によくあるいさかいが起こってしまうのです。

ただ、だからといって、一概に女性のほうが優れていると優劣をつけることはできません。男性の「ひとつのことに集中できる」という能力は、最大の強みにもなります。

プロフェッショナルといわれるような職人や専門家、マニアなどに男性が多いのは、その最大の強みを活かしているから、ともいえるでしょう。

記念日を忘れる男性、過去を細かく記憶している女性

女性の脳のほうが、エピソードを記憶しやすい構造になっている

男性がパートナーとの記念日を忘れ、相手の女性から責められるという状況はよくあることではないでしょうか。そんなとき、女性は「あなたは去年もこうだった」「あのときもああだった」と、過去の細かい話題を持ち出したりします。

男性が過去のエピソードを忘れがちなのに対し、女性が細かく覚えているのはなぜなのでしょうか。

それは、**女性のほうが出来事を長期的に記憶する際に使われる脳の「海馬《かいば》」が、男性より発達しているため**です。女性は男性よりも海馬が大きいうえ、女性ホルモンには海馬の動きを活性化させるという特徴もあります。

ですから、女性はエピソードを記憶するのが得意なのです。

また、とてもうれしかったことや感動したこと、どうしようもなく悲しかった出来事など、忘れたくても忘れられないことがあるのではないでしょうか。

感情が大きく動いた出来事は、記憶にも残りやすくなります。

女性の脳は、感情領域が左右の脳に広く分布しているため、感情が働きやすいという特徴があります。つまり、**男性より感情の起伏が大きい分、体験や出来事について強く記憶しやすい**ことが考えられるのです。

記憶には男女の違いがみられます。

ですから、男性は悪気はなくても忘れてしまうものだと割りきって、記念日を祝いたいときには、あらかじめカレンダーに書いておいたり、事前に確認しておくようにしたいですね。

個人的な出来事を長期的に細やかに覚えていることを「エピソード記憶」というよ

誕生順でわかる男女それぞれの特徴

ここでは、誕生順でわかる男女の特徴を紹介します。育った環境などによって個人差がありますが、大きく分けると、それぞれに次のような傾向があります。

女　性

長女（姉妹）

- 空気を読む
- 責任感がある
- 不安があり、自信がない

長女（弟がいる）

- 楽観的
- 頑固
- 自立心がある

末っ子（姉妹）

- 注目されたい
- 自由を好む
- 衝動的で気まぐれ

末っ子（兄がいる）

- 恋愛体質
- 甘えんぼうタイプ
- 女性的

ひとりっ子

- 自由奔放
- 自分をあまり主張しない

男　性

長男（男兄弟）

- ●リーダーシップがある
- ●責任感が強い
- ●体裁や世間体を気にする

長男（妹がいる）

- ●面倒見がいい
- ●女性と仲良くなるのが得意
- ●女性の扱いが上手

末っ子（男兄弟）

●自由を好む
●遊び心があり、冒険好き
●情熱的で現実離れしている

末っ子（姉がいる）

●のんびりしている
●関心のあることには熱中する
●気まぐれ

ひとりっ子

●自由
●友人関係は狭い
●マニアックな趣味がある

第4章

男女で異なるコミュニケーションの特徴

話題でわかる人の心理

会話やメールで、どんなことを話題にするかによって、その人の心理状態が見えてきます。具体的に、どのような気持ちが隠れているのでしょうか。

男性編

忙しさをアピールする

●自分の有能さをわかってもらいたい
●自信のなさ・不安・焦りが隠されている可能性も

お金の話をしたがる

●勝負が好き
●人間関係に情をはさみたくないタイプ
●頭のよさを見せたい

すぐに下ネタを話す

●サービス精神旺盛なタイプ
●性的コンプレックスを抱えている可能性も…

格好をつけたり悪ぶったりする

●男としてまわりから認められたい

過去の話が多い

●現状に不満を感じている
●将来の自分が明確になっていなくて不安がある

言いにくいことをはっきり口に出す

●自立志向で反発心が強い
●冷静で論理的思考がある
●気が強くて怒りっぽい一面も

話の途中で強引に話題を変えようとする

●自分の興味があることにしか関心をもてない
●自分が話題の中心にいたい

女性編

不幸自慢をする

- 人に甘えがち
- 自分を甘やかし、守ってくれる相手を求めている

共感を求める

- 寂しがりや
- 素直に自分の思いを表現できる

仮定「もしも～したら」の話が多い

- 現状の自分に自信がもてない
- 相手の反応を確認したい
- 傷つきたくない

些細なことも報告する

- 人とつながっていないと心配なタイプ
- 人間関係に自信がないことも…

家族・ペットの自慢話が多い

- プライドが高い
- 認められたい気持ちを強くもっている

自分の話に感想を求める

- 人からよく思われたい八方美人タイプ
- 自分に自信がないことも…

言葉や口ぐせからわかる心理

言葉は人の心理を表します。よく使っている言葉を聞いていると、相手の性格傾向がわかります。

男性編

「逆に言うと」

●知識が豊富で分析力が高い
●人よりも優秀であることをアピールしたい
●反発心が強い

「なるほど！」「納得！」

●聞き上手
●素直な性格
●多用するとまわりから反感を買うことも…

カタカナ言葉（外来語・外国語）を多用する

●自分はまわりよりも優れていると思っている傾向がある
●知識のなさをイメージでカバーしようとすることも

文語的で難しい表現を好む

- ●知的さをアピールしたい
- ●自己顕示欲が強い
- ●相手より自分が優れていると錯覚していることも

「ですます調」の、かたい表現を使う

- ●礼儀正しい
- ●防衛的でガードがかたい
- ●普段と違う口調なら、感情を抑えている証拠

「つまり」「要は」

- ●せっかち、結論を急いでしまう
- ●頭の回転は速いが、じっくり考えるタイプではない
- ●行動力がある
- ●深く考えたり、対話が苦手という一面も

「一番」「絶対」

- ●自分が優れている、正しいと思いたい
- ●不安があって無理やりそう言っていることも

女性編

「ここだけの話…」

●仲間意識が強い
●仲間以外には冷ややかな一面も

大げさに表現する

●感情をストレートに表現するタイプ
●ヒステリー性がある場合も

男言葉を使う

●相手よりも優位に立ちたい
●女性である自分を出したくない

「…らしいよ」

- 自分の情報で人に影響を与えたい
- 人を惑わせることに快感を感じる一面も

「かわいい」

- 支配欲が強い
- 「好き・嫌い」でものごとを判断する傾向がある

「なにげに…」「…みたいな」

- まわりを気にしすぎる
- 人に嫌われたくない
- 人間関係に深入りしたくない

「っていうか」

- （自分の意見に補足する場合）**迷いが多いタイプ**
- （相手の発言を受けて使用する場合）**でしゃばりだが人がいい**

男女共通編

「チョー（超）〇〇」

●10代のころを引きずっている
●精神的に成長しきれていない一面も

「ヤバい」「ヤバくない？」

●相手に大変そうな印象を伝えたい
●不良っぽさへの憧れがある

「やっぱり」

●多数派の意見に同意しがち
●自分は正しいという場合に使うことも

「キレる」「むかつく」

●コツコツと努力することが苦手
●面倒くさがりや

「しかし」「でも」

●自分の言い分が正しいと相手に思わせたい

ときどき方言を混ぜる

- 感情に合わせて言葉を使い分けている
- 田舎を捨てきれない

若者特有の略語や短縮語を使う

- 仲間意識を強める
- 排他的でほかの人とあまり深いつながりを望んでいない

親しくなくても親しげな言葉を使う

- 何でも自分のペースで進めたいタイプ
- 本人はサービス精神旺盛だと思っていることも

擬態語や擬声語を使う

- 表現力が豊か
- エンターテインメント性の高いタイプ
- 論理より感情を優先する

「○○系」という表現を使う

- 集団をカテゴリー化して判断したいタイプ
- 好き嫌いがはっきりしている

話の展開から見える心理

話の組み立てが上手な人、まとまりのない話をずっとしている人など、身のまわりにいませんか？　じつは話の展開からも相手の心理を読みとくことができます。

男性編

話を結論からはじめる

●合理的
●せっかち
●裏表のない正直な性格

質問の答えをはぐらかす

●自分の弱みを見せたくない
●プライドが高い傾向がある

かならずオチを入れる

●サービス精神旺盛
●注目されていないと不安に感じる
●案外落ち込みやすいタイプ

女性編

なかなか結論を言わない

●過程をすべて話したい、もしくは話をまとめるのが苦手
●ひとりよがりな傾向がある
●悪気のない場合が多い

前置きがなく話がポンポン飛ぶ

●自己中心的なタイプ
●話すことで自分自身は満足していることが多い
●まわりへの気づかいが足りていない可能性もある

なんでも自分の話にもっていく

●自分のことを一番に考えるタイプ
●相手に興味をもっていない
●幼い一面もある

自分の意見をすぐに変える

●八方美人タイプ
●自分に自信がなく、依存しがち
●恋人や友人が相手の場合、信頼をなくすことも…

電話やメールを男性は連絡手段で使い、女性は気持ちを伝えるツールとして使う

「こうしてくれたらうれしい」を互いに伝え合えば、すれ違わない

「彼女の長電話が理解できない」
「彼のメールはそっけない」
こんな話を耳にすることはありませんか？　これには理由があるのです。

コミュニケーションには、大きく分けて2つの種類があります。

伝達事項を伝え合うことを目的とする場合と、感情や気持ちを伝え合うことを目的とする場合です。

そして、とくに電話へのとらえ方は、男性と女性では大きく異なっています。

男性は、電話を「用件を伝えるためだけの情報伝達ツール」としてとらえる傾向があります。一方、**女性は電話を「自分の感情や気持ちを伝え合うツール」ととらえています。**

ですから、用件以外の他愛のない話も多いのです。

これはメールにも同じことがいえます。

男性が、届いたメールに返信をしなかったり、返事が遅くなってしまうのは、電話以上に、メールを「用件を伝えるための連絡手段」ととらえているからです。とくに、用件以外の内容が書かれているメールは優先順位が低いと判断しがちなため、返信しなかったり、ずいぶん時間がたってから返信したりするのです。

女性は、メールを「電話より気軽に仲を深めるためのコミュニケーションツール」として活用します。そのため、メールを通して近況報告など、共有したい内容や感情を伝えようとします。絵文字やスタンプが多いのもそのためです。

決して薄情な男性だから電話やメールをしないわけでも、暇で寂しがりやな女性だから他愛のない電話やメールをするわけでもなく、男女の差があるだけなのです。

お互いに「彼（彼女）といい関係を築きたい」と思う場合は、「時々はこうしてくれたらうれしいな」と、自分の希望や思いを伝えてみてはいかがでしょうか。

男性は小さなことでも競い合い、女性は協力し合う

男性は競い合うことが好きな生きものです。これには男性ホルモンが大きく影響しています。

母親の体内にいるとき、男性ホルモンの大半を構成する「テストステロン」という物質を浴びることで男脳がつくられます。この男性ホルモンは、身体の機能形成だけでなく、攻撃性や闘争本能という性質もつくりあげていくのです。
女性にはテストステロンが少ないので、攻撃性や闘争本能が男性のようにわき起こってはきません。

これは人間関係の築き方にも大きく影響し、性別による大きな差を生みます。具体的にいえば、次のような違いがあります。

男　性

●自分が勝つことを重視し、小さなことでも競争をしたがる
●出会って間もない人とは少し距離をとりたい
●上下関係を築きたがる

女　性

●人間関係を集団でとらえ、協力し合おうとする
●出会って間もない人とでも仲良くなろうとする
●対等な人間関係を築きたがる

この違いを見ていると、男性が競争しようとするのは、決して性格が悪くて他人を蹴落としたいからというわけではないことがわかってくるね

嘘がばれやすい男性、嘘をつき通せる女性

嘘をつくとき、男性は表情やしぐさ、態度が不自然になる

女性は男性よりも嘘をつくのが上手です。

とくに自分についての嘘をつくのが得意で、嘘をついても平然としていられます。


アメリカの心理学者・エクスタインらが多数の男女を相手に、ある実験を行いました。

男女一対一で、最初は本当のことを話し、途中から嘘をついてもらうというものです。

実験中に、話をする側が相手の顔を見つめていた時間の割合を確認した結果、嘘をついていないときに見つめていた時間の割合は男女合わせて平均66・8％だったのに対し、嘘をつきはじめると、男性は相手を見つめる時間は平均6％

減少しました。一方で、女性の場合は嘘をつきはじめてからのほうが相手を見つめる時間が増え、平均より2・2％伸びたといいます。

この結果から、**男性の嘘はばれやすい**ということがわかります。

萎縮して相手の顔が見られなくなる傾向にあるということ以外にも、嘘をついたあとに落ち着きがなくなったり、身振り手振りが大きくなったりなど、表**情やしぐさ、態度などが不自然になりがち**です。

ところが、**女性は、嘘をついても堂々としている場合が多い**のです。

また、男女によって嘘の傾向も異なります。

男性がつく嘘は、「社会的に自分を認めてほしい」という思いや、「自分を守りたい」という保身が目的の場合が多く、女性がつく嘘は、「注目してほしい」という自己顕示欲からきている場合が多いといえます。

口下手な男性、おしゃべりな女性

男性より女性のほうが、言語を理解する神経細胞が多い

「女性ってうるさいなぁ」

「男の人って、なんであんなに無口なの？」

そう思うことがありませんか？


一般的に、女性は男性よりもおしゃべりだといわれています。

それには明確な理由があり、大脳の言語に関する神経細胞の違いが影響しています。

大脳には言語活動に関する部分が2つあり、ひとつは自分から話をする場合の言語処理、もうひとつは他人が話したことを理解する場合の言語処理を担っています。

女性は、言語を理解する神経細胞が、男性に比べて多いということがわかっています。

また、**女性が右脳と左脳の両方を使い、両方の脳をフル回転させて話しながら考えることが可能**なのに対し、**男性は考えるときは右脳、話すときは左脳というふうに、言いたいことは考えがまとまってから話す**という特徴があります。

話しながら考えるのが得意な女性は、話すことが決まっていなくても話し始め、最終的に結論にもっていくという傾向もあり、男性よりも言語能力に優れているといえます。

男性が女性との口ゲンカに太刀打ちできないのは、そもそもの脳の差と言わざるを得ません。言葉に万能な女性脳を前にして、男性が言葉で勝とうとするのは、難しいことなのかもしれませんね。

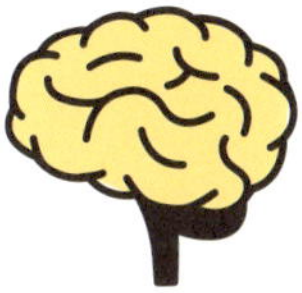

男女ともにいいチームをつくる秘訣

チームは、同じ目標に向かって協力していくものです。では、男女ともに協力し合えるよいチームワークとは、どのようなものでしょうか。

ここでは、チームワークをよくするために必要な５つのポイントをご紹介します。

特性や能力に合わせて役割分担する

- リーダーは一人ひとりの特性や能力を把握する
- その特性や能力に見合った役割を与える

アドバイスは積極的に行う

- 自分の役割以外のことも積極的にアイデアを出す
- 相手を不快にさせないよう、伝え方には配慮をする

決定した内容には従う

- 自分とは異なる意見だったとしても、決定した内容には従う
- 協調性を大切にする

ひとりで悩まない

- メンバーやリーダーに相談する
- 相談されたメンバーやリーダーは、快く相談に乗る

応えられないときは遠慮せず断る

- 無理な依頼には、理由を説明し、断ることも必要
- うやむやにしない

男性の好意は表情、身振り、視線でわかる

女性にとって気になっている男性が自分のことをどう思っているのか、知りたいと思うことはありませんか？

そんなとき、相手の男性が好意をもっているかどうかを見抜く方法があります。男性は非言語コミュニケーション（表情や身振り、視線など）と呼ばれる部分に多くの心理状態が表れるため、本心がばれやすいのです。

次の４つのような言動がみられれば、好意がある証拠かもしれません。

1 常に目を見つめる

男性は好きな女性をいつも見ていたいもの。つまり、気になる女性と視線が合う機会を狙っているサイン

2 姿勢が崩れる

好意をもっている女性を前にした男性は、どちらかの肩が下がり、姿勢が崩れる

3 顔や身体を相手に向ける

好きな相手のそばにいると、自然に顔だけでなく身体まで向いてしまう

4 一人称で話をする

好きな女性には自分を知ってもらいたいという思いから、一人称（俺、僕、私など）を多用して話す傾向がある

言葉で表現するのが苦手な男性でも、言葉以外の部分に感情を読み解くための情報がたくさん含まれています。意識して相手の非言語コミュニケーションを観察してみれば、話す内容以上に多くの感情を感じられるでしょう。

気になる異性の心を惹きつけたいときのコミュニケーション法

デートに誘うのに勇気がいる場合は…

まずは小さなお願いをする

一番のお願いを聞き入れてもらうために、小さなお願いから徐々に大きなお願いにしていくと、相手が断らなくなっていきます。

「おもしろい小説を探しているのですが、おすすめはありませんか？」と声をかける

▼

「今度は私のおすすめの本も紹介したいから、アドレスに送ってもいいですか？」

▼

「おすすめの小説が映画化されたみたいだから、よければ一緒に観にいきませんか？」

こうすることで、少しずつ、2人で出かけるところまで導くことができるのです。

第一印象で、いい印象を残せなかった場合は…

ギャップを見せる

はじめの印象がよくなくても、いいギャップを見せると、魅力が何倍にもアップして見えることがありませんか？
第一印象が怖そうだった人が丁寧なお辞儀をして挨拶をしてくれただけで、とてもいい人に感じられたり、ガラの悪そうな若者が電車でお年寄りに席を譲っていたら、とても親切な人に見えたりしますね。

このギャップ効果は、マイナスの感情がプラスに変化するときに、効果が大きくなるという特徴があります。

- **「おとなしそうだね」と言われた**
  ➡明るい一面を見せる
- **「かたい仕事をしているんだね」と言われた**
  ➡思いきりはしゃぐ姿を見せる
- **「ずいぶん真面目なんだね」と言われた**
  ➡大胆なところを見せる
- **「派手に遊んでそうだね」と言われた**
  ➡真面目な一面を見せる

もし相手からの第一印象がよくなかったとしても、その後の対応次第で好印象に変えることは可能なのです。

関係を親密にしたいときには、男女ともにボディタッチが効果的

感情が高ぶったときに触れ合うと相乗効果に

「人から大切にされたい」という欲求は誰にでもあります。人は触れ合うことで、この欲求が満たされたと感じます。

「意中の人ともっと進展したい」「恋愛対象として意識してほしい」など、いまひとつきっかけをつかむことができない場合は、ボディタッチをしてみましょう。

触れ合うチャンスがあったときには、「盛り上がった感情をサポート」するような触れ合いを意識します。

たとえば、お酒を飲んで気分が高ぶっているとき、試験に合格したとき、昇進したときなど、気持ちが盛り上がっていたり、うれしい出来事があったとき

は、積極的に手を握ったり、抱き合ったりするといいでしょう。

そのとき、相手がとても自然でうれしそうな反応をしてくれたら、もっと距離を縮められるサインになりますし、たじろいでしまったら、友人どまりだというサインになります。

感情と触れ合いは相乗効果を発揮するものです。

肩に触れること、腕をトントンとすること、少し手に触れることなど、小さなタッチに慣れておき、感情が盛り上がったときに、大胆にボディタッチしてみましょう。

関係を親密にする大きなきっかけになるかもしれません。

ただし、男性がまだよく知らない女性に、大胆にボディタッチをすると嫌われる可能性も大きいので、配慮は必要です。

相手に本音を見せる人は、男女ともに好かれる

「仕事もプライベートも、素直な人のほうが親しまれる」

感情を素直に表現することは、人とのコミュニケーションをより円滑にするために必要なことです。

感情的な人は、男女ともに理性に欠ける人と思われがちです。

しかし、とくに、怒りやねたみといったマイナスの感情を出しすぎると、相手を不快にさせ、嫌われてしまいます。そうならないように、人前では感情を出さないようにしている人もいるでしょう。

ただ、感情を抑えたり、隠したりすることが習慣化してしまうと、まわりからは無関心、無感動な人に見えてしまっていることもあります。

恋愛に発展させたい相手がいたり、「この人には信頼してもらいたいな」という相手がいるなら、感情を抑えすぎないほうがいいのです。

こんな研究結果もあります。

- **感情豊かに表現すると、相手の記憶に残りやすい**
- **相手の感情を動かすと、印象が根づきやすい**

これを活かすなら「あなたと一緒に過ごしているとうれしい」「一緒にいられて楽しい」という本音を見せるようにしましょう。このとき相手の感情が動けば、よりあなたの存在が相手の心に残りやすくなります。

そこから恋が生まれることもありますし、仕事では信頼関係が生まれることもあります。

ときには、うれしい感情だけでなく、素直に悲しみやつらさなどを吐露しましょう。「自分だけに素直な気持ちを見せてくれた」という思いは、「自分を信頼してくれている」「守ってあげたい」という思いになり、親密な関係を生むきっかけになります。

気持ちに応えられないときには、男女ともにはっきりNOを伝える

どちらかといえば嫌いな部類の人に好意をもたれて告白されたとき、すぐに拒否したいと思うはずです。しかし、恨みを買われる可能性を考えるとそうはいきません。だからといって、中途半端なお断りでは、勘違いされてしまいます。こんなとき、どうすればいいでしょうか？

1 お断りを伝える

「残念ながら、おつき合いはできません」

▼

2 当たりさわりのない社交辞令を伝える

「お仕事がんばってください」
「今後のご活躍を祈っています」

▼

3 最後にもう一度お断りをする

「申し訳ありませんが、おつき合いはできません」

言ってはいけない言葉

✕ 「あなたは私にはもったいないから…」
「タイミングがもう少し早ければ…」

相手に望みをもたせてしまうためNG

自分にはまだ望みがあると感じてしまうと、相手の思いはどんどん膨らみます。
しかし、それでダメだったときの落胆は大きく、逆恨みに変わってしまうケースもあるのです。

相手を傷つけたり怒らせたりしないという思いやりは大切ですが、「NO」を伝えなければいけない場面では、男女ともに、その思いやりが逆効果になる場合があることも覚えておきたいですね。

結婚を切り出してくれない男性に決断させる方法

思いきって大胆な提案をすると答えが出る

大切な話をしたいのに、のらりくらりと相手に話をかわされてしまうことはありませんか?

なかなか結婚に踏み切ってくれない男性に女性が決断をうながしたいときに、ぜひやってみてほしい方法があります。

たとえば、「両親に会ってくれない?」と伝えても「いま仕事が忙しいから、もう少し待って」と言われてばかりで、同じやりとりを繰り返している場合。

「2人で暮らす新居を探そうよ」「婚姻届を書いてみない?」「披露宴に招待する人だけでも決めておかない?」など、相手が思わず驚くような第二の案を出し、自分のペースに持ち込んでしまいましょう。

ひとつの事柄に対して、片方が「これは白」、もう一方が「いいや、これは黒」と主張し合うと、言い争いになります。これが一般的なケンカです。

それに対して、相手が言い争いを好まない場合、「僕は君が黒だと言ってくれるとうれしいな」と、こちらを否定することなく、穏やかに自分のペースに巻き込もうとする男性もいます。

ケンカすることも、相手のペースに巻き込まれることも避けるには、別の視点から第二の案、つまり**「じゃあ白でも黒でもなく、赤にしましょう」という大胆な提案をぶつけてみると、新たな展開が期待できる**のです。

そこで相手がどんな反応をしたとしても、いままでと同じやりとりで終わってしまうということはないはずです。

Column

テンポの合う人、合わない人を見分ける方法

お互いに机を叩いてみると、テンポが合うかどうかわかる

人には、「精神テンポ」の合う人、合わない人がいます。精神テンポとは、精神作業や動作に表れる、その人自身が自然体で心地よく感じるテンポのことです。

とくに意識しているわけではないのに、「この人とは、なんだか話すペースや仕事の進め方が合うなぁ」と感じたことはありませんか？　それは、精神テンポが合っているからです。一方で「この人のスピードにはついていけない」「一緒にいるとこちらのペースが乱れて疲れる…」と感じる場合は、精神テンポが合っていないということです。

では、精神テンポが合う、合わないはどこで見分ければいいのでしょうか。

机の上を人差し指で、好きな速さでトントンと叩いてみましょう。叩いたスピードが、あなたにとっての精神テンポで

す。どのスピードが心地よいかは、人によって異なります。

相手にも、机の上を好きなテンポで叩いてもらってください。このとき、あなたと同じ速度で叩く人が、精神テンポが似ている人、つまり仕事やそのほかの活動のスピードが合う人だということです。

簡単ですが、わかりやすく結果が出るので、ぜひ試してみてください。

1 机を自分の心地よいテンポで（人差し指で）トントンと叩く

2 相手にも同じように机を叩いてもらう

あなたと同じ速さで叩いた場合

＝

仕事や活動のスピードが合う

第5章

男女で異なる恋愛・結婚観の特徴

恋愛と結婚を分ける男性、恋愛の先に結婚を求める女性

男性にとっては「恋愛＝遊び」、女性にとっては「恋愛＝結婚」

「恋愛と結婚は別物」という言葉がありますが、実際はどうでしょうか。じつは、男女間で、考え方に違いがあります。

男性の場合、恋愛と結婚では相手を選ぶ基準が明確に変わります。**男性にとって「恋愛は遊び」という感覚が強いため、恋人には、セクシーであることや美人であることなど、外見が魅力的な女性を選ぶ傾向があります。**

しかし、いざ結婚となると話は別です。

毎日生活をともにし、一生そばにいる相手を考えると、外見的要素の優先順位はぐっと低くなり、「家庭的」「性格がよい」「知性がある」「貞淑である」など、恋愛のときとは真逆ともいえる結婚相手を選ぶのです。

一方、女性の場合は、男性のように恋愛と結婚を分けて考えません。それはなぜでしょうか。

女性が男性と同じように奔放に恋愛を楽しんでいた場合、妊娠する可能性がないとは言いきれません。ですから男性と同じように「恋愛＝遊び」と考えるわけにはいかないのです。

だからこそ、**女性は恋愛をしているときも、自分や子どもを守ってくれる相手かどうかという基準で男性を見ています。**

恋愛の延長線上に結婚を意識しているということです。

ただし、最近のイケメンブームは、従来の女性の恋愛観、結婚観が変化している兆しかもしれませんね。

女性は結婚相手の男性に多くを求める

「数多くの男性の中から、もっとも優秀なひとりを選びたい」——これは、女性としての本能といえるかもしれません。女性は、男性を選ぶ目が厳しいのです。これには、３つの理由があります。

1 男性に経済力があるかどうかを見ているから

近年では共働き家庭が増えているとはいえ、男性と違って結婚や出産で生活スタイルが変わる女性にとっては、家庭の経済を男性が担うという考えのほうがいまだ一般的です。

2 女性の事情を受け入れてくれる男性かどうか見ているから

たとえば、結婚や出産後も仕事を続けたい女性にとって、パートナーがそのことについて理解があるかどうかは欠かせない要素です。ほかにも、相手の親との同居問題、将来の介護問題など、慎重に判断せざるを得ない要素はいくつかあります。

3 卵子の数が精子に比べて圧倒的に少ないから

男性の生殖細胞（精子）と女性の生殖細胞（卵子）には大きな差があります。圧倒的なのは、数の差です。精子は1度に数百万個放出されるうえに、1時間あたり1200万個の割合で補充されていくのに対し、卵子は一生を通じてわずか約400個しかつくられません。

人生のうちの限られた時間で行われる妊娠、出産などを合わせて考えてみると、女性は、本能的に男性に求めるハードルを高く設定しているともいえます。

女性が結婚で妥協を嫌う理由は、膨大な数の精子たちがたった1個の卵子に向かい、必死のスピードで泳ぎ進んでいく様子を現実の男女に当てはめてみると、納得できるのではないでしょうか。

パートナー選びでは、男性は数を優先し、女性は質を優先する

男性は多くの子孫を残したい、女性は優れた遺伝子を残したいという本能が働く

パートナーを選ぶとき、男性は本能的に自分の子孫をできるだけ多く残そうとするため、多くの女性と性交渉をもちたいと考えます。それに対して、女性は、自分と子どもを守ってくれる、より優れた遺伝子をもった男性と性交渉をもちたいと本能的に考えます。

ある心理学者が、男女の学生に行きずりのセックスと知性について、次のような質問をしました。

1　自分のパートナーとして受け入れられる最低限の知能レベルはどの程度か？

2　1回きりのデート相手の場合、受け入れられる最低限の知能レベルはどの程度か？

3 性交渉の相手の場合、受け入れられる最低限の知能レベルはどの程度か？

4 1晩だけの関係で2度と会わない相手の場合、受け入れられる最低限の知能レベルはどの程度か？

その結果、1「自分のパートナー」、2「1回きりのデートの相手」の場合、男女ともに平均以上、あるいは平均的な知能レベルを求めるという結果になり、とくに大きな男女差はみられませんでした。

しかし、3「性交渉の相手」では、女性がある程度の知能レベルを求めた一方で、男性にはデートの相手に求める知能レベルより低くてもかまわないという回答が多く、男女で大きな差が出たのです。

さらに、4「2度と会うことのない相手」に求める知能レベルでは、ますます男女の考え方の違いが広がりました。

男性は知能レベルを求めるよりも、数多くの女性との関係を求めること、女性は厳選した男性を求めることが、それぞれ本能的に刻み込まれているといえます。

セックスに興味のある男性、デート優先の女性

男性は本能的に性的行動を求める

デート初期の性的行動には、男女によって大きな差があります。
端的にいえば、**男性は女性とデートに出かけるよりもセックスをすることに興味があり、セックスに対しての男性の積極性と女性の消極性は対照的**であるといえます。

心理学者が、キャンパスの中である実験を行いました。魅力的な女子大学生が、構内をひとりで歩いている男子学生に、「ずっと、あなたのことが気になっていたの。魅力的ですよね」と声をかけ、

1 「今晩わたしと一緒に出かけない？」

2 「私のアパートに来ない？」

3 「一緒に寝ない？」

のいずれかを質問し、その回答を記録しました。

同様に、魅力的な男性が女子学生に声をかける実験も行いました。

その結果、デートの誘いには男女ともに半数がイエスと回答。ただ、その日のうちに性交渉をもつことへの誘いにイエスと答える女性はいませんでした。ところが、男性のほうは60％以上がアパートに行くと答え、性交渉をもつことへの誘いには、これを上回る70％以上の男性がイエスと答えたのです。

昨今では、草食系男子といわれる異性に対して消極的な男性や、逆に異性に対して積極的な肉食系女子も注目されていますが、男性はゆきずりの性的行動に積極的であるということは本能的なことといえるのかもしれません。

男女に共通する「断り方でわかるデートの乗り気度」

せっかくデートに誘っても断られてしまい、次を誘う勇気がない…。でも、じつはその断り文句の裏に、次への可能性があるかどうかが隠されているのです。

断り文句の裏側に隠された相手の本心は、断る言い訳の内容で推測することができます。

次の可能性がある場合

「母と○○に出かける用事があるので…」

「歯医者があるので…」

→何をしに行くのかがはっきりしている答え方

次の可能性が低い場合

「ちょっと用事があって…」

「遠方に行かなければいけなくて…」

→何をしに行くのかがはっきりしない答え方

男女に共通する「返事でわかる相手の脈あり度」

異性から口説かれたとき、人からものを頼まれたとき、何かを尋ねられたとき、相手のイエス、ノーの言葉と、心の中で思っていることは、相反している場合があります。

抑揚やリズムがあるかどうかが、見極めるポイントです。

イエスの場合

- 言葉に抑揚がある
- リズミカルに答える

ノーの場合

- 言葉に抑揚やリズムがない

この場合、言葉はイエスでも、本心はノーを表しているよ

男女ともにナルシストは浮気をしやすく不安定な人、寛容すぎる人は浮気されやすい

ナルシスト度がわかる6つの特徴

「浮気をしやすい人はナルシストである」という調査報告が心理実験でも明らかになっています。ナルシストとは、自己愛の強い人のことで、自分が一番優れている、かわいいと思っている人です。

これは、男女どちらかに限った話ではありません。「自分が一番優秀で、一番かわいい」と思っているため、他人の悲しみや苦しみを理解できず、共感もしないのです。

また、**「自分だけは特別」と思い込んでいるため、浮気や不倫をしても当然許されると思ってしまう**のです。

ナルシストかどうかは、次の6項目に当てはまるかどうかで判断ができます。

- **自己中心的（いいところをひとり占めする）**
- **共感の欠如（ほかの人の立場を理解できない）**
- **露出的（自分の身体に自信がある、好んで身体を見せびらかす）**
- **誇大的（自分を高いポジションに置きたがる）**
- **特権意識（自分を特別だと思っている）**
- **個人間の搾取（お金のためなら人は利用するものと思う）**

また、これとは逆に浮気をされやすい人にも特徴があります。

常に情緒が不安定で相手をイライラさせる人は、一緒にいて安らぎがありません。そうすると、相手は息が詰まってしまうため、やがてほかの人のところへ避難（＝浮気）してしまうのです。

ただ、**あまりにも寛容な人も、相手から甘く見られてしまい、「この人なら何をしても許される」という気持ちから浮気をされてしまう**こともあります。

このように、男女ともにパートナーを裏切る人、裏切られる人の傾向というのは決まっているため、パートナー選びの際には最初に意識をしてみるといいかもしれません。

女性には玉の輿願望がある

「世界の女性が男性の経済力を重視している」

お金持ちの男性と結婚して玉の輿にのった女性が、テレビ番組でとりあげられることがありますね。

女性は、経済的に豊かな相手と結婚したいという思いを本能的にもっています。その一番の理由は、女性が子どもを出産し、育てるという大切な性役割を意識していることが多いためです。

もちろん、悠々自適に楽な生活を送りたいから、という思いを夢見ているのも確かですが、人間の子どもは成長に長い期間が必要なため、長期的に生活を保障する経済力がどうしても必要になります。

配偶者選択の条件について、ある国際的な調査が行われました。37文化圏に暮らす1万人以上の男女を対象に、自分の望む配偶者の資質18項目について、その重要度をランク付けするというものです。
結果、国を問わず、結婚相手の経済力を非常に重要だとみなしている女性が多いことがわかりました。その割合は男性に比べると約2倍です。日本に至っては2・5倍という結果になりました。

現在では、経済的自立をしている女性が多い日本ですが、少し前までは、社会も経済も男性中心であり、男性が独占的に動かしてきたという長い歴史があります。女性がお金持ちになる一番の近道が、経済力のある男性と結婚することだったのです。それは、じつは現在も大きく変わっていないようです。

自分と子どもを保護してくれるお金持ちの男性を求めることは、女性の本音であり、本能的に備わっているものといえるのかもしれません。

頼りがいのある女性は、年下男性とつき合うメリットを知っている

女性の社会進出が進み、仕事で成果を上げている女性が増えている昨今、女性が年上のカップルも多くなってきました。

一見頼りないと思われる年下男性をパートナーにするメリットは、じつは多くあります。ここでは5つのメリットをみていきましょう。

1 プライドが高くない

基本的に男性はプライドが高い生き物ですが、経験値が浅い年下男性は意固地なプライドがありません。

2 素直に努力してくれる

素直で柔軟性のある年下男性は、女性からの提案や注意を受け入れ、努力する傾向があります。年下男性は女性の好みに合わせ、努力して変わっていく可能性があるということです。

③ パワーがある

若さとパワーは年下男性の特権です。若さゆえの未熟さもありますが、年上の女性にとっては、母性本能がくすぐられる要素のひとつに感じられるでしょう。

④ 過去の経験値が少ない分 嫉妬対象が少ない

もちろん人にもよりますが、恋愛経験は年上よりも年下のほうが少ないのは当然のこと。過去の相手に嫉妬する対象者が少なくてすみます。

⑤ 年下男性のほうが甘えやすい

じつは、頼りがいのある女性ほど、年下の男性に甘えやすいのです。女性は本来、受身体質です。基本的にパートナーに甘えたいという欲求をもっています。

しっかりした大人の女性から甘えられることで自尊心をくすぐられ、喜んでくれる年下男性のほうが、自立した強い女性は気楽に甘えられます。

男性を射止めるには、女性のセクシーさが武器になる

セクシーな女性は、同性からは嫌われる

色っぽくて艶のある女性を目にすると、男性はつい惹かれてしまうものです。これは、セクシーな女性が、自分の性的欲望を満たしてくれる存在として男性の目に映るからです。

男性のこの本能を恋愛で意識すれば、女性は好きな男性を射止めやすくなります。

たとえば、２人きりで会うとき、いつもより肌があらわになる服を着たり、性的な意味合いのある唇を、リップで艶っぽく見せたり、男性がドキッとするような下着を身につけてみたり、髪をまとめて女性らしさが表れる首筋を見せたり…といったことです。**色っぽさを感じることで、男性は「この女性を手に入れたい」と意識するようになります。**

では、同性である女性から見ると、色っぽい女性はどう映るのでしょうか。男性に比べて、グラビアアイドルを好きな女性が少ないことでもわかるように、男性が好むようなセクシーな女性は、同性にはあまり好かれない傾向があります。

たとえば、「セックスを楽しめそう」と男性が思う妖艶なタイプの女性は、「尻軽な女」と評されます。ほかにも、男性が「自分がリードしてあげたい」と思うかわいいタイプの女性なら「ブリッコ」。男性が「受け入れてくれそう」と思う控えめなタイプの女性は「媚を売っている」。男性が「楽しませてくれそう」と思うおしゃれなタイプの女性は、「ケバい女」という評価になるのです。

このように辛辣な評価になるのは、**「この人に好きな相手を奪われてしまうかもしれない」と無意識に感じて危険を察知しているから**でしょう。

だからこそ、**男性に好かれる女性に対し、同性である女性は辛口の評価をしてしまう**のです。いつでもセクシーでいるのではなく、男性と2人きりのときに色っぽさを出すようにしてみると、周囲の女性たちとも角が立たない関係を築けるかもしれません。

父親からの愛情が不足していた女性は極端に年上の男性に惹かれやすい

パートナーに父性を求めるのが大きな要因

子どもの頃に、仕事が忙しくて父親が家にいることが少なかったケース、もともと父親が子どもに関心がなかったケース、両親の仲が悪くてかまってもらえなかったケースなどで、生まれて最初に接する異性であるはずの父親から、小さい頃に愛情を感じられなかったという女性は少なくありません。

こういった背景がある女性たちは、ある特有の行動に走りがちです。

ひとまわり以上、歳の離れた男性に惹かれたり、不倫をしてしまう場合が多いのです。

また、自分が人に愛される自信がもてず、恋愛に臆病になってしまうという人もいます。

女性は幼少時に父親から適度な愛情をもらう必要があるのですが、十分な愛情が得られなかった場合、その寂しさや飢餓感を解消するために過剰に男性の愛情を求め続けることになります。

女性が父親に対して強い愛着や依存心をもち、パートナーに理想の父親像（父性）を求めてしまう心理状態をファーザー・コンプレックス（ファザコン）といいます。

ひとまわり以上、年上の男性と結婚してうまくいっているカップルも多いのですが、無意識のうちにパートナーに父性を求め続けていると、結婚したあとに本当に父娘のような関係性になってしまったり、セックスレスになってしまうということがあります。

そうなることを避けたいのであれば、まずは自立した女性になって、依存的な関係でなく、男性と対等に向き合えるような環境をつくっておくことが大切です。

女性は浮気や不倫に心理的満足を求める

「誰かに受け入れてほしい」という気持ちが、不倫に走る要因に

浮気や不倫は倫理的によくないことだとわかっていても、いつの時代もなくなることがありません。それはなぜなのでしょうか。とくに女性の場合、代償ははかり知れません。それでも、わかっていても浮気をする女性がいるのは、そこに何らかのメリットがあるからです。

女性が浮気や不倫にかり立てられる状況として、3つのケースが考えられます。

1　現在のパートナーが貧困に陥ったとき

2　現在のパートナーよりも経済的に豊かで、自分に興味をもってくれる人に出会ったとき

3　現在のパートナーとの間でうまくいっておらず、長期にわたってマンネリ化しているとき

パートナーが自分に対して興味をなくしたとき、女性は精神的に満たされないと感じ、自分を評価してくれるほかの男性を求めてしまうようになります。

アメリカの心理学者による浮気の心理の調査では、浮気を体験した女性たちが「浮気のメリット」として、次のような心理的満足をあげていたといいます。

- **女性としての自信をつけさせてくれた**
- **自分に興味をもってくれたので、一緒にいるとき自分を高く評価できた**
- **自尊心が強くなった**
- **自信がもてるようになったので、パートナーに対して以前より賢明な判断をすることができるようになった**

この結果からわかるように、**女性が浮気する動機は、性的に惹かれたというよりも、自尊心や承認欲求を満たす意味合いが大きい**のです。もちろんこれは、女性だけに限らず、自信と自尊心を失いかけている現代の男性が浮気や不倫に走る原因ともいえます。失業したエリート男性たちが不倫してしまうのは、まさに、これと同じ心理が働いているからです。

結婚後にセックスレスになる男女それぞれの理由

男性は多忙やストレス、女性は生理的なものが主な原因

夫婦間の悩みのひとつであるセックスレスの問題は、現在、熟年夫婦だけでなく若い夫婦にも起こっているといわれています。

セックスレスになる理由はいくつかありますが、女性と男性によってその理由にも違いがあります。

女性は、相手のことをパートナーというより肉親（親子やきょうだい）のように思ってしまうことや、出産後のホルモンバランスにより性欲が弱まっている時期があること、日頃の不満から、相手を生理的に受けつけなくなってしまうことなどが理由にあげられます。

とくに、女性は相手への小さな不満が積み重なると嫌悪感をもつようになり、

生理的に嫌いになってしまう傾向があります。夫にさわられることはもちろん、一緒の部屋で寝ることさえイヤだと感じてしまえば、セックスレスになるのは当然のことです。

一方、**男性がセックスレスになる理由として考えられるのは、仕事の忙しさやストレス**です。ほかにも、育児に追われて疲れている妻に拒否され続けたり、「妻」が「母」になったことで、性欲がわいてこなくなってしまうことなどがあります。

子どもが生まれて父親と母親になると、パートナーとしての関係が薄れてしまう夫婦は多いものです。加えて、じつは**仲がよすぎる夫婦の場合も、結婚後に、セックスを近親相姦のように感じるようになってしまうこともあります。**

結婚後や出産後であっても、お互いを異性と感じられる適度な距離感はあったほうがいいでしょう。生活をともにしていれば、お互いに馴れ合うことは当たり前ですが、互いに相手を思いやる心が必要のようです。

男性は外見的な魅力が自分と同程度の人にプロポーズする

同程度の容姿の相手を選ぶのが妥当だと考えるため

「ハンサムな人と結婚したい」「奥さんにする人は、自慢できるような美人がいい」と思う人が多いと思います。

心理学者のマーステインは、結婚相手選びをマーケットと考え、市場原理が働くと定義しました。この市場では魅力が資産です。ここでは、資産のない、つまり容姿端麗でない男性は、美人にプロポーズしても拒否されてしまうと考えます。

拒否されることは心理的に大きな損失です。そこで男性は、より成功の確率の高い人にプロポーズしようと考えます。しかし、相手があまりに魅力的でないと、結婚したい気持ちがわきません。こうして**最小のコストで最大の報酬を上げようとする結果、身体的魅力度が自分と同じくらいの人にプロポーズする**

ことになると予測しました。これがマースティンのマッチング仮説（つりあい説）です。

これを実証する実験として、彼は、すでに婚約しているか、はっきりとした恋人同士である99のカップルの写真を撮り、その写真の客観的身体的魅力度を8人の評定者が1～5点の尺度で評定しました。このとき、2人の身体的魅力度の差が0・5以下のカップルは60％にのぼり、外見の魅力が非常に似ていました。

次に、カップルの写真を99人ずつの男女にバラバラにして、それをランダムに2人ずつ組み合わせて仮のカップルをつくり上げました。そして、その仮のカップル同士の魅力度の差を計算しました。このときの魅力度の差が0・5％以下のカップルは49％でした。

この結果から、現実の恋人同士はお互いに身体的魅力度がマッチし、つりあいがとれるような選択をしていることがわかったのです。カップルが2人で並んだときに、「お似合いだ」と思えるカップルのほうがうまくいっていることが多いように感じるのは、そのためともいえます。

同じ趣味のある人たちはうまくいきやすい

趣味が合えば、異性関係も人間関係もうまくいく

自分と同じ趣味の人を好きになったことはありませんか？
仕事仲間で、趣味が合う人がいると、親近感がわきませんか？
人は、考えや趣味が同じ人に、好感を抱く傾向があります。

たとえば、テニスが好きな人がいます。一緒にプレーする仲間や恋人ができると得をした気持ちになります。楽しい時間を共有できて、一体感もわいてきます。

また、同じ趣味の人たち同士で話をすれば、盛り上がりますし、意見が一致することが多くなります。好きな話題について、「あれってレアだと思うんだ」『そうだよね。そのとおりだよね』、「もっと教えてほしいな」『それでは来週また』と話していると、互いに「自分の意見を肯定してもらえた」と感じ、自信

にもつながります。

こんなふうに、共通の話題があると、気楽に会話することができますね。

楽しい会話をすることでストレス解消になり、満たされた気持ちにもなります。

恋愛関係の場合でも、友人関係や仕事仲間の場合でも、同じ趣味を共有できると、それだけで親密度がぐっと増していくのです。**好きなことをして同じ時間を過ごすことで、特別な連帯感もわいてきますし、いさかいがあっても、仲直りするきっかけにもなります。**

「パートナーがほしい」「仲間がほしい」と思っているなら、趣味が合う人を探してみるのがおすすめです。すでにパートナーや仲間がいる場合は、一緒に打ち込める共通の趣味を見つけてみるのもいいですね。

男女に共通する、失敗しない結婚をするための方法

出会いから親密になるまでの3段階を踏む

近年、離婚するカップルが増えていますが、結婚をうまくいかせるにはあるステップを踏むことが大切といわれています。

心理学者のマーステインは未知の2人が出会い、親密になるまでには、3つの発展段階があるとし、難しいのは各段階で2人が重視する内容が違ってくるからだと述べました。

第1段階：刺激ステージ

はじめは、**ルックスや社会的地位など、外から見える刺激が、恋人になるかどうかの重要な要因となります。**人はまず、顔、スタイル、服装、表情、しぐさなど身体的・行動的特徴や社会的地位に心が惹かれるものだからです。つまり「刺激」に心惹かれ、その人と親しくなろうとします。

第2段階：価値ステージ

しかし、つき合う段階に入ると、**価値観が似ていることがもっとも重要な要因となります。**同じ趣味、スポーツの好み、意見の一致など共通点が見い出されると心惹かれ、もっと親しくなろうとします。

第3段階：役割ステージ

さらに親密になると、共同作業が多くなり、**役割分担できることが重要な要因となります。**お互いに補い合えるようなチームを組めると、真に親密な関係が結べ、結婚を考えることになるのです。

このような段階を踏んだうえで結婚に至る場合、信頼関係をしっかりと築いたうえで進んでいけるので、とてもうまくいきやすくなります。

男女ともに、尽くしすぎないほうがうまくいく

「尽くすよりも、公平感があるほうが恋は長続きする」

愛する人ができると、献身的に尽くしたくなる人は少なくありません。

ところが、片方があまりに尽くしすぎると、破局を迎えやすくなることがあります。

尽くした側は「あんなに尽くしたのだから同じことをしてくれると思っていたのに！」と思いがちですが、**こと恋愛に関しては、とことん尽くしてもらえるからといって好意が増すわけではなく、関係もうまくいくわけではない**ことが、心理学の多くの実験や調査で明らかにされています。

大学生のカップルたちに対して実施した、２人の公平性と関係についてのアンケート調査があります。

アンケートには、①自分が２人の関係にどの程度貢献しているか、②相手が

どの程度貢献してくれているか、③自分が2人の関係からどの程度恩恵を得ているか、④相手がどの程度恩恵を得ているか、という質問を記載していました。そして、2人の性的関係と2人の関係がどの程度続くか、その可能性についても尋ね、3カ月半後、再度調査し、2人の関係が持続しているかどうかを調べました。

結果、2人の関係から恩恵をあまり受けていないと思っている人たちと、逆に恩恵を受けすぎていると思っている人たちはセックスを避ける傾向にありました。

性的行動は2人が公平であると思っているときにうまくいくことがわかりました。

また、お互いが公平な立場にいる人は、公平でないと思っている人よりも関係が長続きすると考え、実際に公平な2人のほうが、関係が続いていました。

恋愛は2人の心理的関係のバランスが取れていなければ長続きしません。ただひたすら尽くしすぎると、愛を失うことにもなってしまうのです。

男女ともに知っておきたい「いいケンカ」「悪いケンカ」

男女問わず、「ケンカが苦手」という人もいれば、「ケンカばかりしている」という人もいます。とくに男女間のケンカは、別れに至ることもあれば、距離を縮めるきっかけになることもあります。では、いいケンカとそうでないケンカは、何が違うのでしょうか？

悪いケンカの仕方

1 悪意をもって言い合いする

「この人には悪意がある」と、物事を悪いほうへ悪いほうへ考えてケンカする

2 ケンカ中に過去のことまで掘り起こす

「あなたはいつも〇〇」「ずっと前から」と過去のことまで持ち出してしまうと、「おまえこそ！」と非難の応酬になりやすくなる

3 勝ち負けで言い合いをする

お互いが「言い合いに勝ってやろう」として言い合いをするとわかり合えなくなる

4 自己完結してしまう

「〇〇ということは、△△ということになるんだ」と自分の言ったことを自分でまとめてしまう話し方をすると、相手は一方的で消化不良に感じ、ますますイライラする

いいケンカの仕方

1　不満に思っていることをはっきりと伝える

- 具体的に不満に感じていることを伝える
- 人格を否定することはしない（例：あなたって最低な人ね）

2　相手が非難してきても感情的にならない

- 相手が非難してきても、むやみに反論しない
- 相手の話をいったん受けとめてみると、場がおさまりやすくなる

3　聞いている態度を示す

- 相手の話をしっかり聞く
- 誠実な姿を相手に見せることで、相手も落ち着く

4　自分の正直な感情から目をそむけない

- 自分自身が怒っていることをきちんと確認する
- 自分の気持ちをごまかすと、いつまでも尾を引いてしまう

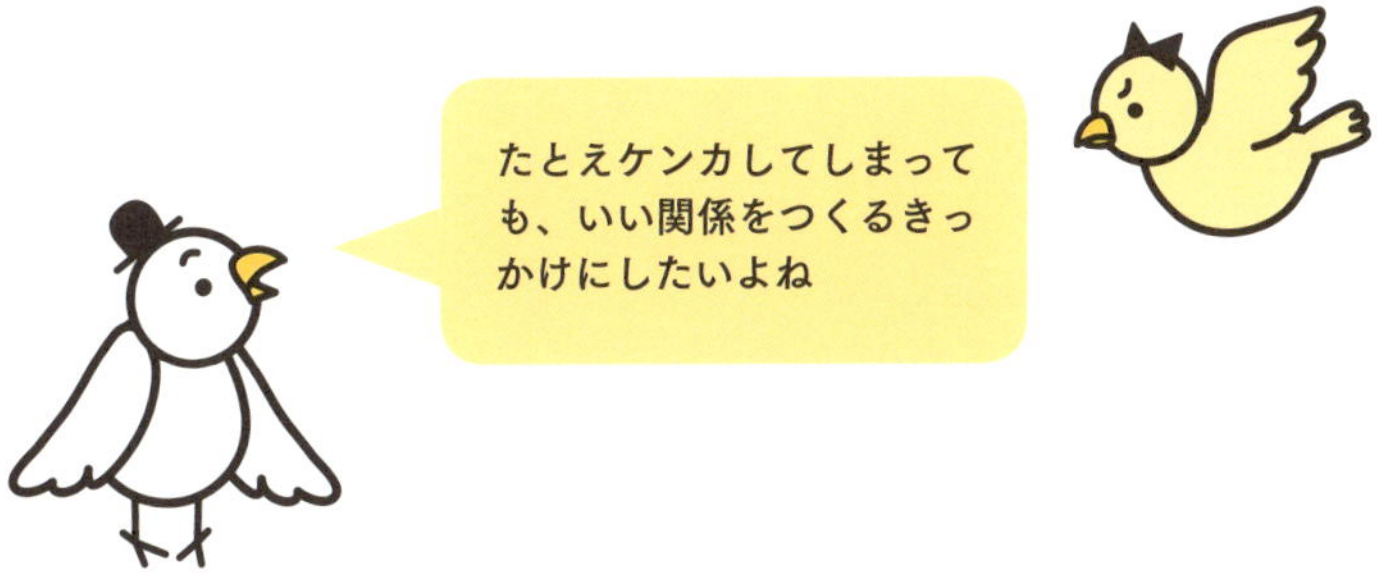
たとえケンカしてしまっても、いい関係をつくるきっかけにしたいよね

おわりに——男女は違っているからこそおもしろい

本書を最後までお読みいただき、ありがとうございました。

男性と女性、それぞれの違いには、明確な理由があることがわかったのではないでしょうか。

「最近、彼女の鼻を、ついかわいいなと思ってしまう」

「このところ、彼の匂いが心地いい」

「どうして彼は髭を生やしているんだろう？」

「なぜ彼女は、個性的なファッションをしているんだろう？」

「彼がマニアックなのはどうして？」

「彼女はどうしてあんなにメイクにこだわるんだろう？」

本文中で解説しましたが、こんなところにも、男女それぞれの特

徴が表れてくるのです。

男女の違いの多くは、文化や育った環境、脳の構造が違うことや、それぞれの本能の違い（進化の違い）からきているということがわかってくると、

「じゃあ、しょうがないな」

「違いを受け入れて、お互いにとって無理のない関わりをしよう」

「接し方を変えてみようかな」

と思えてきませんか？

お互いの違いを知ったことで、

「『なんでわかってくれないの!?』とイライラすることがなくなりました」

「パートナーに優しくなれました」

「異性の上司や部下との関わり方のコツがわかりました」

という声も、よく耳にします。

私たちは、異性とすれ違ってしまったとき、つい感情的になってしまいがちですが、お互いがわかり合うためには、男女それぞれの特性の知識について知っておくことが、とても大切なことなのかもしれません。

心理学は、人間の奥深さとおもしろさを教えてくれます。

男性には男性のよさ、女性には女性のよさがあります。

男性にしかできないこと、女性でなければできないことがあります。

お互いを活かし合うことができれば、人間関係も、社会も、パートナーシップも、もっと平和でしあわせなものになるはずです。

本書がそのためのヒントになれば、こんなにうれしいことはありません。

最後に、本書出版において、かんき出版の山下津雅子常務、編集担当のサイラスコンサルティング 星野友絵さんに多大な御尽力をいただきました。記して感謝申し上げます。

２０１７年１月　齊藤　勇

【著者紹介】

齊藤　勇（さいとう・いさむ）

◉——山梨県生まれ。文学博士。早稲田大学大学院研究科博士課程修了。現在、立正大学名誉教授、日本ビジネス心理学会会長、日本あいづち協会理事長、大阪経済大学客員教授。

◉——主に対人関係の分野を専門とし、人気テレビ番組の監修や執筆活動など、多方面で活躍している。

◉——人間関係をよくする「あいづち対話法」を開発し、講演や研修などで、その普及に努めている。著書に『超・相槌』（文響社）、『イラストレート人間関係の心理学［第２版］』（誠信書房）など多数。

編集協力—星野友絵、小齋希美（silas consulting）

男《おとこ》と女《おんな》の心理学入門《しんりがくにゅうもん》　〈検印廃止〉

2017年 1 月 16 日　　第 1 刷発行

著　者——齊藤　勇

発行者——齊藤　龍男

発行所——株式会社かんき出版

東京都千代田区麹町4-1-4 西脇ビル　〒102-0083

電話　営業部：03(3262)8011㈹　編集部：03(3262)8012㈹

FAX　03(3234)4421　　振替　00100-2-62304

http://www.kanki-pub.co.jp/

印刷所——ベクトル印刷株式会社

 ISBN978-4-7612-7232-6 C0011

付　録

自分も相手も楽しめる心理テスト

ここでは、深層心理が見えてくる10の心理テストを紹介します。
楽しみながら、直感に従ってテストに取り組んでみてね♪

心理テスト1

自分の部屋に置物を飾ることになりました。あなたならどれを選びますか？

A. 今年の干支の置物

B. だるま

C. 豚の貯金箱

D. キャラクターの人形

E. ピラミッド形の置物

A

このテストでは、何かの道で成功したいと思ったとき、あなたが何を頼りにするのかがわかります。

解説

A
自ら努力をするより、神仏や目に見えない不思議な力に頼り、成功が転がりこむのを待つ他力本願タイプです。

B
人事を尽くして天命を待つタイプ。自分の努力で乗り越えようとしますが、最後には運にまかせるタイプです。

C
成功への近道はやっぱりお金と考えるタイプです。

D
何かをはじめるとき、困ったときにはすぐに親や周囲の人に頼ったり、すでにその分野で成功している人の力を借りて成功しようとするタイプです。

E
努力して物事を成し遂げるタイプです。その分野について深い知識をもつことで、成功への糸口をつかもうとします。

心理テスト2

あなたはもうすぐ南洋の孤島にたどりつきます。ヤシの木が茂り、真っ青な海が広がります。そこで写真を１枚。あなたが撮った写真は、次のうちどれですか？

A. 海と陸の大きさは同じくらい

B. 小さい島と広い海

C. 大きな島と小さな海

D. 島のまわりに波がうちよせている

A

海は心の女性的部分、島は男性的部分を表しています。このテストでは、あなたの「心の中の性的バランス」がとれているかがわかります。

解説

A
男性的、女性的な部分のバランスがとれています。仕事とプライベートを両立させることもできる人です。

B
女性は女らしさが、男性は女性的な部分が強調されています。豊かな想像力で、クリエイティブな才能を発揮する生き方がいいでしょう。

C
女性は男性的、男性は男らしさが強調されています。仕事などの社会生活の中で才能を活かす生活が向いています。

D
島が大きいのか、海が大きいのかによって判断は異なりますが、心の中で男性的な部分と女性的な部分が葛藤している状態です。少し無理をしていませんか？

心理テスト3

あなたの眼の前においしそうなディナーが並んでいます。メロン、パン、ステーキ、ワイン。それぞれのイメージに一番しっくりくる人は誰ですか？　身のまわりの異性の中から、それぞれ当てはめてみてください。

A **口という器官は、もともと性的な意味合いの強い部分です。それぞれにどんな異性を当てはめたかで、「身のまわりの異性とあなたがどんな関係を持ちたがっているか」がわかります。**

解説

●メロン…初恋の対象
メロンは、みずみずしく少しおすましのイメージ。このイメージが似合う人は、あなたが初恋のような思いを抱いている人です。

●パン…遊び友達
パンは毎日顔を合わせるような、とくに珍しくもない日常生活を意味します。このイメージとマッチする人は、あなたの気のおけない遊び友達です。

●ステーキ…セックスの対象
ボリューム感のある血のしたたるようなステーキは、濃厚な愛情表現のイメージ。このイメージにあたる人は、あなたがセックスしたいと思っている相手です。

●ワイン…不倫の対象
ワインはビールと違い、少し気取った大人のイメージがあります。このイメージの人は、あなたが不倫したいと思っている相手です。

心理テスト4

学園祭の出し物で演劇をやることになりました。あなたが「やりたくない」と思う役はどれですか？

A. 馬

B. 旅人

C. 悪い王様

D. 悪い魔女

E. 王子様／お姫様

A

演劇であなたがやりたくないと感じた役は、まさにあなたの影そのものです。自分のイヤな部分、つまり人に知られたくないもうひとりのあなたがその役に投影されています。

解説

A
気が小さく、自己主張が苦手な一面があります。あるいは人一倍、性的欲望が強い人です。

B
地に足をつけるのが苦手で、少々飽きっぽい一面があります。

C
人の気持ちを考えない自己中心的な一面があります。

D
自分がほしいと思ったものを何がなんでも手に入れたがるところがあります。とくに人から好かれるよい子をいじめたい願望があるのかも…。

E
ぶりっこ気質でナルシスト。いい格好をしたがる一面があります。

心理テスト5

あなたは久しぶりに何も予定のない休日を過ごすことになりました。どう過ごしますか？

A. 家で過ごす

B. ひとりで外出する

C. 男性／女性に
電話をして
デートをする

D. 友達を誘って
ショッピング

A　このテストでは、あなたの「恋愛依存度」がわかります。

解説

A

「恋より自分優先」タイプです。恋愛依存度は少ない分、逆に人が入り込めない部分をもっている可能性も。恋愛中でも、相手が不安に思ってしまうことがあるかもしれません。

B

「恋愛は別腹」タイプです。自分自身のペースや楽しみ方を知っているバランスのいい人です。自分を見失うことなく、恋愛を楽しんでいけるでしょう。

C

「恋愛中毒」タイプです。恋愛依存度が高く、恋愛関係にいつも浸っていないと満足できない傾向があります。

D

「寂しがりや」タイプです。誰かと一緒にいたいと思っている傾向があります。恋愛に夢中になっているときは依存度も高くなっているかもしれません。

心理テスト6

あなたは毎週楽しみにしているドラマを観ています。そのとき、携帯電話が鳴りました。さて、あなたはどうしますか？

A. 無視する

B. あとでかけ直す

C. とりあえず出るがすぐに終わらせる

D. ちゃんと出て話す

A

このテストでは、あなたが恋愛中に別の異性から誘いがあったときの態度「浮気度」を表しています。

解説

A
「一途」タイプです。つき合っている人がいるときは、浮気など絶対にしないでしょう。

B
「バランス良好」タイプです。つき合っている相手とほどよい距離感を保つことができる人です。

C
「浮気は本気」タイプです。浮気をするときは、すでにほかに本命ができたとき。浮気度は低くても、つき合っている相手以外に好きな人ができる可能性は大いにあるでしょう。

D
「浮気リピーター」タイプです。恋愛が、大きなウエイトを占めています。浮気度はナンバーワンです。逆にいえば、遊ばれやすいため、気をつけましょう。

心理テスト7

あなたは友達5人でカラオケに行きました。あなたは何番目に歌いますか？

A. 1番目

B. 2番目

C. 3番目か4番目

D. 最後

A　何番目に行動を起こすかによって、お金に対する慎重さ「貯蓄度」がわかります。

解 説

A
「自転車操業」タイプ。あればあっただけ使ってしまう傾向があります。収支感覚をもつことが大切です。

B
「使い切り」タイプ。毎月の収支がかろうじてプラスになる程度の貯蓄感覚の持ち主です。将来を見越して、生活を簡素化することを心がけてみましょう。

C
「ほどほど貯蓄」タイプ。ほどほどの貯蓄感覚があります。目標さえ明確に設定できれば、よりきちんと貯蓄していけるタイプです。

D
「貯蓄が生きがい」タイプ。コツコツ貯蓄することをいとわない性格です。ただ、お金は有効に使ってこそのもの。貯めたお金の使い道を考えてみては？

心理テスト8

50年後に取り出すタイムカプセルにあなたも何かを入れることにしました。
あなたは何を入れますか？

A. 恋人の写真

B. 本当に大切にしている高価な宝石やお宝

C. いま流行っている、安くてもおしゃれなアクセサリーやゲーム

D. 現在の心境をつづった手紙

A　このテストでは、あなたが生きていくうえで何を大切に思っているか、何を充実させて生きたいかがわかります。

解説

A

「愛する人とともに生きていくこと」が目的と考えています。いつ、誰と愛し合いながら生きてきたのかに関心があり、恋こそ人生といえる人でしょう。

B

「財産を築くこと」。仕事で成功して地位や財産を築くことが人生の目的と思っていませんか？　バリバリの仕事人間ともいえます。

C

「常にいまを生きていくこと」を人生の目的としています。趣味に生き、流行を追うことを楽しみにしている人です。

D

「精神的に成長していくこと」を人生の目的と考えています。一生をかけて自分の内面性を磨いていこうと思うタイプです。

心理テスト9

あなたは新鮮な空気を吸いたくなり、車で山麓の湖に向かいました。あなたの眼の前には、どんな景色が目に入りますか？

A. 山頂の湖

B. 針葉樹に囲まれた湖

C. 誰もいない丸い湖

D. 湖面に２羽の水鳥、２艘のボートが浮かんでいる湖

A 山奥の湖は、都会（社会）の騒がしさや人間関係のわずらわしさから離れた場所にあることから、あなたの内面世界を示しています。

解説

A
道が上に続き、山頂にある湖にのぼっていくことから、社会的に成功したいというバイタリティが読みとれます。苦難は続いてもかならず達成するでしょう。

B
針葉樹は季節や環境に左右されない植物なので、他人にかまっていられないという心境を表します。他人に頼らず、自分の力で信じる道を進んでいく活力にあふれています。

C
自己完結タイプです。自分の世界に没頭したがっています。専門家の道を目指すといいのでは？

D
２羽の水鳥は結婚願望を表しています。温かい家庭を築くことに夢をもっているのではないでしょうか。

心理テスト10

年老いて最期のとき、あなたはどんな死を迎えると思いますか？

A. ぽっくり

B. 病気で、病院で

C. 自分の家で家族に看取られて

D. 不慮の事故で

A あなたが人生の中でもっとも気にかけていることを表しています。

解 説

A

「趣味・遊び」を大切に思っている人です。なるべく苦しみたくないと思っています。人に迷惑をかけたくないという気持ちが強い一面もあります。

B

「健康」を大切に思っている人です。身体が資本です。最先端の医学で長生きしたいと思っていませんか？　自分だけでなく、家族の健康にも気をつかってくださいね。

C

「家族」を大切に思っている人です。どんなことが起こっても、安心できる家庭があるのはしあわせなことと思っているのではないでしょうか。

D

「仕事」を大切に思っている人です。忙しく飛びまわっています。しかし、天変地異など何が起こるかわからず、いつも大災害を心配しているところもあります。

おつかれさま～♪

ここは心理テストの最終ページだよ。
心理テストは、この本のうしろのページからはじまるよ